レベルアップしたい実践家のための

事例で学ぶ

認知行動療法テクニックガイド

鈴木伸一・神村栄一 著

北大路書房

序　文

　我が国における認知行動療法は，この10〜20年あまりの間に，急速に普及しました。先進欧米諸国には若干の遅れをとっているものの，心理学的対人援助法のグローバルスタンダードとして，医療はもちろん，教育，産業，地域保健，司法など広範囲にわたって紹介され，実践されつつあります。

　短い期間で爆発的に広まったという事実は一方で，その中に，さまざまな誤解や過剰すぎる期待，さらには「まがいもの」が多数紛れ込み，「玉石混淆」の度合いが高まってしまったことを意味する，というのは世の常です。我が国の認知行動療法もいよいよその「クオリティ」，「真贋」を問われる時期が到来したわけです。

　実際のところ，「エビデンスがある」というお決まりフレーズの上にあぐらをかき，既成のマニュアル，できあいのプログラムをただなぞるだけの実践も少なくないようです。自らの足下にある現場での地道な実践を振り返りながら吟味し，改良していくのがあたりまえでなければ，今日の「ブーム」はあっという間に「バブル」としてはじけ，後の時代から冷笑されることにもなりかねません。

　精神療法や臨床心理学の専門家，あるいは当事者に向けた技術解説は，今や1つのビジネスになっています。「新しい技術」，「新世代の○○療法」といったコピーの氾濫のさまは，一般の消費財と何ら変わるところがありません。「効くはず」とされた技法で十分な成果を手にできないとき，より新しい技術や手法，ツールに手を伸ばしたくなるのは人情でしょう。自分の失敗や至らなさを振り返る苦痛にさらされるよりは，ついつい，新たな技法の解説書なりワークショップなりに時間とお金を費やしたほうが楽だと思ってしまうのかもしれません。

　自分の臨床技術のブラッシュアップのために，新しい発想やテクニックにアンテナを広げ，必要に応じて身につけていく姿勢は，実践家としては大切な「お作法」です。しかしその姿は，1つ間違えば「仮想現実での勝利を得るために戦闘アイテムを集めることにハマってしまうゲーマー」と紙一重です。自分の臨床に対する「心許無さ」を，「ウデが上がったかのような錯覚」で一時的に埋めるだけの安全確保行動になってはいないか，私たちは常に自分の姿勢を注意深く振り返ってみる必要があるのかもしれません。

　認知行動療法の実践家として何を目指すべきでしょうか。著者らは次のように整理しました。①認知行動療法とは，変化のための技法だけでなく，クライエントの生活の質の低下をまねく「悪循環」をとらえる目と耳の質を高めるための技術であると認識すること，②基本となる技法のメカニズムを，「行動科学的に」はもちろん「対人援助技法としての妥当性の点からも」正しく理解できていること，③クライエントの特性や彼らの置かれた状態にあわせて最適化された変容技法を常に提供できるよう，柔軟さと創意工夫の力量を高める努力を普段から怠らないこと，④セラピストは，ク

ライエントの生活困難の中に降り立ち，解決のためのきっかけをもたらし，その安定化に貢献したならば，速やかに撤退する技術職人であると自覚すること，です。

ところで，認知行動療法，あるいはその産みの親でもある行動療法の世界では，長く，「名人芸」という表現は賛辞とはみなされませんでした。むしろ真理追究のための誤差要因として，排除されかねない風潮すらありました。「臨床実践ですら科学であり，再現可能なものでなければならない」という哲学があったからです。実際，著者らは駆け出しの頃，ある基礎心理系の学会で，「認知行動療法といえども，その実践はアートである」とコメントして袋だたきに遭ったこともありました。

なぜなら上述の①目や耳を鍛える，②変化のメカニズムを臨床技術として理解する，③柔軟さと工夫を盛り込む，④必要な関係を形成する，というポイントは，行動療法の文脈では正面から論じられることは多くなかったからです。そのようなストイックさを共有しながら，我が国の認知行動療法は発展してきました。著者らも，その中で育ってきました。

しかし，昨今の認知行動療法ブームの中で，少し面倒な状況が起きかけています。今さらながら，名人芸のある側面を，もっともらしく「新しい付加価値」として冠しただけの認知行動療法プログラムやマニュアルが次々と「製品化」され，目新しさがあるというだけで「サイコセラピー・ショールーム」に展示されるという風潮です。そして，それらに目移りするばかりに，見様見真似の技法バリエーションを豊富にすることにとらわれてしまい，認知行動療法がもともと大切にしてきたエッセンスにいつまでもたどりつくことができずに迷走してしまう初学者が引きも切らないという現状に危惧を覚えます。

「質が問われる時代」だからこそ，「名人を名人たらしめる職人技とは何か」という新たな哲学を，認知行動療法についても導入する必要があるでしょう。しかし，ここでいう「職人技」は，単なる経験則やフィーリング，あるいは持って生まれた個性などで構成されているわけではありません。クライエントのとのやりとりや，生活場面での刺激反応連鎖を丁寧に観察することを通して得たヒントから，その問題にかかわる「随伴性の理解と制御」を絶え間なく追求していく姿勢のことです。今の時代に，「陪席して学べ」，「徒弟制の中で盗んでこい」と言うつもりはありません。そのような「職人技」も，工夫次第で，テキストとして説明し共有できるはずだと著者らは考えました。もちろん著者らは，自分たちを「名人」などと思っているわけではありませんが，臨床の職人でありたいとの思いで常にケースに向き合い，実践しているアイデアや工夫を読者の方と共有することで，お互いに「職人技」について考える機会をもちたいと思っています。

認知行動療法を実践していて，いまひとつ「勘所がつかめない」という場合，技法の「とっかえひっかえ」ではなく，今一度，「刺激と反応の連鎖」ないしは「行動が内外環境に及ぼす機能」という基本に立ち返り，問題行動を詳細に，よりリアルにとらえていくことが大切です。より高い確率で変化をもたらす手法は，定番のテキスト

やエビデンスを尊びながらもそれらに頼らず,「オリジナルな工夫」にあふれたかかわりを心がける態度から生まれやすいようです。身内での事例検討会も,「事例"反省"会」(「こうすべきだったのでは」中心),あるいはもっとひどい「事例"妄想"会」(「きっとこの事例の背景には○○があるに違いない」中心)や「事例"慰労"会」(「これだけ長く継続しているのだから立派」との賛辞中心)ではなく,まず担当者の工夫の評価とさらにあり得る工夫の余地を意見交換するような機会が有効でしょう。本書がそのような相互研修のきっかけとして貢献できれば,これ以上の幸いはありません。

ところで,本書は,2005年に上梓した「実践家のための認知行動療法テクニックガイド」の続編にあたります。認知行動療法の実践の上でのポイントは,事例の中でお伝えしたい,という著者らの思いが形になったもので,さまざまなワークショップや事例検討会でお伝えしてきた(お伝えしきれなかった?)ポイントが満載されております。2005年刊はおもに,認知行動療法の基礎理論と技法,さらにはセラピストとしての基本的スタンスなどについて解説しました。今回は,事例を通して著者らが実際のどのようなことを考えながら,どのような様子で,どのようにセラピーを展開しているのかを詳細に紹介した,いわば秘訣の「ネタばらし本」ともいえるものです。当然ながら,著者らの「クセ」,若干の「思い込み」,実践経験領域等の偏りに由来する限界もあるでしょう。しかし,あえてそれらを隠すことなく披露しました。逆に,引用につぐ引用でのごまかしはありません。読者の方にはリアルな認知行動療法の面接の,まずは「陪席」を経験していただこうと思い立ちました。そして,陪席の後は,ポイント概説で振り返りをしていただくことができるはずです。

各章の最後には,2人の著者が互いの執筆したケースの展開にコメントを述べるコラムも加えています。主担当とは異なる視点や工夫,あるいはその背景にあるアイデアなどをお楽しみいただくこともできます。

なお,各章で紹介するケースは,私たちが実際に経験したケースを参考に,技法の解説になじむように,若干のデフォルメを加えた,疑似ケースであることをお断りしておきます。

この書籍を通して,読者の方の日々の臨床に何か役に立つことができれば幸いです。本書の出版にあたり,企画構想の段階から多大なるご尽力をいただきました北大路書房の薄木敏之氏ならびに編集部の皆様に心より御礼申し上げます。最後になりましたが,著者らの恩師であり,2012年の暮れにご永眠なされた内山喜久雄先生に,心からの感謝と哀悼の気持ちを捧げたいと思います。

2013年5月

鈴木伸一・神村栄一

目次

序文　i

第1部　導入とアセスメント編　　　　　　　　　　　　　　　　1

症状の悪循環に関する情報収集のコツ　3

基本のおさらい　3
▶ケースの概要　4
▶症状の悪循環についての情報収集のコツ　6
▶ポイント解説　7
　ミニミニコラム　うつ症状の背景にある不安障害　8
→　このケースのその後の展開　9
共著者からみた「ここがいいね！」　9

面接への動機づけを高め，問題行動のきっかけ
を把握していくコツ　11

基本のおさらい　11
▶ケースの概要　13
　コラム1　「衝動制御パッケージ」基本となる7ステップ　14
　コラム2　「衝動制御パッケージ」で面接を進める場合の応答例　15
▶面接への動機づけを高めながら情報を集めるコツ　16
▶ポイント解説　17
▶問題行動までのたまり感と直前・直後をリアルにとらえるコツ　20
▶ポイント解説　21
→　このケースのその後の展開　23
共著者からみた「ここがいいね！」　24

ケースフォーミュレーションのコツ　25

基本のおさらい　25
▶ケースの概要　26
　コラム3　ケースフォーミュレーションはいつまでに終える？　27
▶情報を整理し，介入方法の立案につなげていくコツ　28
▶ポイント解説　29
　ミニミニコラム　CBTへの動機を高める　31
→　このケースのその後の展開　33
共著者からみた「ここがいいね！」　34

心理教育を通して自己理解を深めるコツ　35

基本のおさらい　35
▶ケースの概要：加害強迫の場合　36
▶"自分ルール"による困難であることに気づいてもらうコツ　38
▶ポイント解説　39
　ミニミニコラム　OCDクライエントさんの奇妙な自分ルール　43
→　このケースのその後の展開　44
　コラム4　困った癖の治し方：習慣逆転法　45
共著者からみた「ここがいいね！」　47

第2部　介入技法編　　　　　　　　　　　　　　　　49

不安場面に段階的に慣らしていくコツ
　　——不登校（小・中）への漸次接近法のコツ　51

　基本のおさらい　51
　▶ケースの概要：小学生の場合　53
　　 ミニミニコラム　不登校，正しい家庭での過ごし方？　53
　▶ "とりあえずの第一歩" を話題にするコツ　54
　▶ポイント解説　55
　→　このケースのその後の展開　57
　　 コラム5　漸次接近法　58
　▶ケースの概要：中学生の場合　59
　　 ミニミニコラム　内山喜久雄先生の思い出　59
　▶恐怖形成場面の傾聴にエクスポージャー効果を持たせる面接のコツ　60
　▶ポイント解説　61
　　 ミニミニコラム　漸進的筋弛緩訓練とは？　62
　→　このケースのその後の展開　63
　共著者からみた「ここがいいね！」　64

エクスポージャーと儀式妨害をすすめるコツ　65

　基本のおさらい　65
　▶ケースの概要：強迫性障害の場合　66
　▶ "プチERP" でERPのエッセンスに慣れてもらうコツ　68
　▶ポイント解説　69
　　 ミニミニコラム　あなたはすでにできている！のメッセージ　73
　　 ミニミニコラム　「まちなか同伴型エクスポージャー」のおすすめ　75
　→　このケースのその後の展開　78
　　 ミニミニコラム　強迫「観念」に対する介入は？　78
　共著者からみた「ここがいいね！」　79

行動活性化のコツ　81

　基本のおさらい　81
　▶ケースの概要　82
　▶回避のパターンから抜け出し，行動遂行につなげるコツ　84
　▶ポイント解説　85
　　 ミニミニコラム　環境を変えるためには？　87
　→　このケースのその後の展開　89
　共著者からみた「ここがいいね！」　90

生活の中の刺激反応の連鎖をとらえるコツ
　　——衝動的行為（パチンコ依存）の再発防止のコツ　91

　基本のおさらい　91
　▶ケースの概要　95
　▶問題を日々の生活の中の刺激反応連鎖の中でとらえるコツ　96
　▶ポイント解説　97
　▶再発防止のための介入から　100

　　　　▶ポイント解説　　101
　　　　　ミニミニコラム　喩え例・イメージを活用する　　102
　　　→　このケースのその後の展開　　103
　　　共著者からみた「ここがいいね！」　　104

認知再構成法のコツ　　105

　　　基本のおさらい　　105
　　　▶ケースの概要　　106
　　　▶後ろ向きな考え方の癖から脱却し，柔軟性と多様性を取り戻すコツ　　108
　　　▶ポイント解説　　109
　　　→　このケースのその後の展開　　113
　　　共著者からみた「ここがいいね！」　　114

第3部　トラブルシューティング編　　115

関係がぎくしゃくしたときの対応のコツ　　117

　　　基本のおさらい　　117
　　　▶ケースの概要　　118
　　　▶あわてず状況をしっかり把握し，その後の対応につなげるコツ　　120
　　　▶ポイント解説　　121
　　　→　このケースのその後の展開　　123
　　　共著者からみた「ここがいいね！」　　124

セラピーが停滞したときの対応のコツ　　125

　　　基本のおさらい　　125
　　　▶ケースの概要　　126
　　　　コラム6　セラピーがうまく進展しないのは誰のせい？　　127
　　　▶停滞している状況を共有し，妨害要因をアセスメントするコツ　　128
　　　▶ポイント解説　　129
　　　→　このケースのその後の展開　　133
　　　共著者からみた「ここがいいね！」　　133

**家族間のトラブルへの介入のコツ
　　　——解決改善の戦略が進まない家族への支援のコツ　　135**

　　　基本のおさらい　　135
　　　　コラム7　「CBTらしさ」とは？　　136
　　　▶ケースの概要：毎回面接の中で"言い争い"を繰り広げる夫婦　　138
　　　▶パターンに"呼び名"をつけて対象化するコツ　　139
　　　▶ポイント解説　　141
　　　　ミニミニコラム　ホワイトボード　　143
　　　→　このケースのその後の展開　　145
　　　共著者からみた「ここがいいね！」　　145
　　　　コラム8　ゴールをイメージすること：あとがきにかえて　　146

第1部

導入とアセスメント編

症状の悪循環に関する情報収集のコツ

(テクニック1の1)

基本のおさらい

①パニック障害とは

急激な体調変化を自覚することによる恐怖の体験（パニック発作）からそのような発作をまた経験するのではないかという予期不安が強烈に維持され，それによる回避の衝動や行動（広場恐怖）が生活に困難をもたらす障害です。

②パニック障害の認知行動療法

パニック障害への認知行動療法は，エクスポージャー法を中核技法とし，その下地作りとしての心理教育（自身の症状と関連させて不安のメカニズム，エクスポージャー法が効く根拠，を理解してもらう），さらに必要に応じて認知再構成法（「過剰な脅威」に関連する自動思考を自覚してもらう），リラクセーション法など（不安の対処法を身につけそれに対する自信を深めてもらう）を併用しながら展開していくことになります。

特にパニック障害の場合，脅威のきっかけをクライエントの内側（身体の感覚，たとえば動悸など）と，外側（場面，状況）の両面からとらえることが求められます。

③不安喚起状況をアセスメントする

エクスポージャー法をより効果的にするには，脅威事象へしっかり「曝す」手続きと，回避のためのふるまいの制限を系統的に行なっていく必要があります。そのためには，不安の対象ときっかけ（先行事象・トリガー）やそれによって引き起こされる感情・認知・身体の諸症状，および習慣化している回避行動を具体的に把握しておかねばなりません。クライエントから，これらの詳細情報を的確に聴取していくことが，その後の展開を大きく左右します。

この章では，セラピー導入段階における症状の悪循環に関する情報収集のコツについて学ぶことにしましょう。

▶ケースの概要

【症　例】　Aさん会社員，男性，46歳，まじめでおとなしいタイプ。仕事や生活ではなんでもきちんとしたい主義。気になりはじめるとそれにとらわれやすい。

【家　族】　妻（42歳），息子（10歳）との3人暮らし。パニック障害になってからは，旅行などの家族での外出はほとんどできておらず，申し訳ないと思っている。

【問題歴】　2年前の朝の通勤時に急行電車の中で突然，激しい動悸と息苦しさ，死ぬのではないかという恐怖感，そしてそこから逃げ出したいという衝動に襲われる。以後，急行電車や混んでいる電車には乗れなくなり，早起きして空いている各駅停車で通勤している。最近は大きな発作はないものの，電車に乗るときはいつも「また発作が起こるのでは」という予期不安があり，その日の体調によっては不安に耐えきれず，目的地に着く前に車両から降りてしまうこともある。また，仕事上，取引先との打ち合わせなどで電車での移動を余儀なくされることもあるが，そのような予定が入っているときは数日前から気持ちがふさぎこんでしまう。職場外での打ち合わせは，なるべく部下や同僚に行ってもらうようにして避けている。この先，人事異動でもっと出張の多いポジションにつく可能性もあることから危機感を覚え，半年前に治療のためクリニックを受診した。受診後，服薬によりパニック発作はコントロールされているが，発作への予期不安と回避行動は維持されていることから認知行動療法の導入となった。

【現在の状態像】　通勤で乗車可能なのは各駅停車のみ。発作への予期不安はほぼ毎日ある。週に1～2回は身体症状を伴う不安発作があり，電車を降りて駅のホームでしばらく休んでから出勤する。職場外の打ち合わせ等で電車を利用する際は，慣れない路線に乗るときに不安症状が強くなり，何度も下車しながら行くのですごく疲れてしまう。特に地下鉄や駅間の長い郊外路線が苦手。バスやタクシーは比較的不安は低いが，渋滞してくると下車して歩くようにしている。その他，エレベータや狭い地下の店などは苦手だが，生活に支障が出るほどではない。

【セラピーの経過】　導入期の面接では，不安内容，苦手な場所，不安に関連する認知，行動，感情，身体の状態とその時間的変化に関する詳細について聴取し（ポイント解説参照），Aさんの不安の悪循環に関するケースフォーミュレー

ションを行なうとともに，不安の悪循環とその改善をねらいとした認知行動療法についての心理教育を行なった。

さらに，不安階層表を作成し，階層表に基づく段階的エクスポージャーの計画を話し合った。さしあたり，①通勤電車で不安発作があっても降りずに職場まで行くことを第1ステップとして，②一定区間だけ急行に乗り，その区間を延ばしていくことを第2ステップとしてセラピーを展開することとした。

まず，数回の面接でAさんの不安の悪循環の整理を試みた。Aさん自身が「よくないパターン」としてとらえることができたこととしては，電車を降りてしまうときは，乗る前から気持ちがめげていて「今日はダメなんじゃないか」と思っていることが多いこと，最初から「胸のあたりの息苦しさ」ばかりを気にして乗車していること，であった。また，少しでも動悸や息苦しさが強くなってくると，耐えられるかどうかなど考える間もなく直近の駅で降りていることもわかった。

そこで，「乗る前からめげない」「本当にダメになってから降りる」をスローガンとして，第1段階の課題をスタートした。具体的には，①手帳に自分を元気づける言葉（「なんとかなるさ」「気持ちで負けるな」「この病気を治すぞ」）などの言葉を書き，乗車前に心の中で読み上げること，②胸のあたりの身体感覚にのみ注意を向けるのではなく，車内の様子や外の景色など，そこで起いていることに目を向ける練習（注意訓練）を行なうようにした結果，乗車時の緊張状態は徐々に低下していった。

また，乗車中の身体症状についても，Aさんのもともとのまじめさが功を奏し，「これが本当にダメな状態か？」という考えで観察しているうちに症状が沈静化していくという変化を経験することができるようになった。

第2段階は，Aさんの意向で，いちばんやりやすい最寄駅から数駅区間，しばらく避けていた急行に乗る練習を始めた。まずは休日の空いている時間帯に挑戦した結果，難なく成功。その後も多少の不安は生じるものの「本当にダメ」と思うレベルには1度も達することなく，順調に区間を延ばしていくことができた。

一方，朝の通勤については，抵抗が強くなかなか実行できない日が続いていたが，ある日，そのような状況を家族に話しているときに，息子が「お父さん勇気出せよ」といった一言がきっかけとなり奮起し，次の日には職場に近い数駅区間の急行乗車に成功した。その後は，休日の練習と同じ要領で順調に急行乗車区間を延ばしていった。

▶症状の悪循環についての情報収集のコツ

> インテーク面接でのやりとりは，以下のとおりです。パニック障害に関連する不安内容，苦手な場所，不安に関連する認知，行動，感情，身体の状態とその時間的変化に関する詳細を聴取していく様子がうかがえます。

Th：電車での発作への不安の様子について聞かせてください。 ポイント1へ

Cl：電車に乗って扉が閉まる音がすると不安は一気に高まります。また発作が起こるのではないかと思うとどんどん動悸や息苦しさがひどくなって，いてもたってもいられなくなってしまうんです。

Th：なるほど。不安を感じはじめるのはどんなタイミングからですか？ ポイント2へ

Cl：家を出るときからなんとなく気が重い感じがしています。駅に近づくにつれて，「今日はダメなんじゃないか」という思いが強くなって，駅の階段を登るときには，電車の音にビクビクしています。

Th：その，"ビクビクしているとき"のことを，よく思い出してみていただけますか。どこに気が向いているでしょう，何を思い浮かべていますか？ ポイント3へ

Cl：心臓というか胸のあたりに集中していますかね。あと，電車の中で自分が取り乱しているイメージがよく浮かびます。電車が入ってくると，頭の中で乗るか乗らないかぐるぐる回っていますが，たいていは並んでいる他の人に押されるように車内に入ります。

Th：車内に入ってからはどうですか？ ポイント4へ

Cl：「もうしょうがない」と思うのですが，どこかで「まだ降りれるぞ」と思っている自分もいて，葛藤しています。扉が閉まると閉じ込められた感覚が一気に増します。

Th：その後は，どこに気が向いていて，何を想像していますか？

Cl：胸のあたりだけでなく，頭に血が昇る感じなどが強くなってきて，「早く降りなきゃ，早く降りなきゃ」という焦る気持ちがどんどん強くなっていきます。

Th：そのときの体の状態は，立っていられないほどの苦痛なんですか？ ポイント5へ

Cl：パニック障害が発症したころの発作に比べればたいしたことありません。ただ，早く降りないと以前のような発作になってしまうという切実感はかなりありますね。降りた後は，いつも「もう少しがんばれたかな」などと思うのですが，その最中はとていそうは思えません。

Th：ところで，今お話ししたような状態は毎日生じますか？ ポイント5へ

▶ポイント解説

　認知行動療法は，生活場面の問題に焦点を当て，その問題解決のための具体的な方法を検討していくセラピーです。そのため，ケースフォーミュレーションのための情報収集においては，クライエントの具体的な問題についての詳細な情報をしっかり収集できているかが，効果的なセラピーを展開する上でのポイントになります。大まかな状態像や漠然としたイメージではなく，主訴にまつわる悪循環について，その状況がクリアにイメージできるくらい時系列に沿って聞いていきましょう。

　具体的には，「どのような状況で」「どのような考え，行動，気分および身体症状」がどのように生じてどのように変化していくのかを把握します。また，その頻度や持続時間を確認することも大切です。

　特に不安障害の認知行動療法を行なう際には，どのような事象を恐れており，その事象を回避するためにどのような行動が維持されているかを明確に把握することがセラピーを奏功させるカギとなります。さらには，その悪循環が強く表れるときとそうでないときの違い，また，そうでないときのパターンなどについても整理し，介入を行なっていく際の手がかりを探ることも大切です。それでは，ケースに沿って解説していきましょう。

ポイント1　まずは，大まかな状況を確認した上で，詳細を聴取していくポイントを見極めましょう（セラピストがリードしてもよい）。

ポイント2　症状の始まりとなるきっかけ（先行事象・トリガー）をはっきりさせます（協働作業として，クライエントの関与を促す）。

ポイント3　クライエントが抽象的に表現する主たる症状について，その内容（気分や身体状態，考えやイメージなど）を具体的に把握します。たとえば「不安」と一口で言ってもその状態像は千差万別です。セラピストがイメージする「不安」とクライエントが体験している「不安」がずれないよう丁寧に聴取する必要があります。

ポイント4　「不安」の状態像は，時間的経過とともに変化します。その変化に関連している周囲の状況や人の影響性なども時系列に沿って聴取していきます。

ポイント5　クライエントはつらい体験を話すとき，あたかも「毎日，ずっと」生じているかのように表現しがちです。必ず，特定の症状の生じる頻度（たとえば1週間で何回くらい）や強度（どれくらいつらいか），持続時間（生じてから落ち着くまでのおおよその時間）などについて確認するようにしましょう。

Cl：いいえ。今の状態は結構ひどいときです。多少ドキドキしてもパニックにならずにやり過ごせるときや，「発作が起きたらやだな」という不安は浮かぶものの，「まあ大丈夫かな」と思える日もあります。

Th：うまくいく日とダメな日の違いは何でしょう？ ポイント6へ

Cl：わかりません。いつも同じようにしているのですが……ただ，ダメな日は，家を出るときからなんとなくめげているのかもしれません。なんとなく「今日はダメそうだな～」という感覚をもちながら歩いているような……。

Th：戦う前から負けているという感じですかね。 ポイント7へ

Cl：そうですね……。

Th：ところで，ドキドキしてもパニックにならずにやり過ごせるときは，どんな工夫をしているのですか？

Cl：それがよくわからないのです。

Th：でも何かしているんじゃないんですか？ ポイント7へ

Cl：そうですね……。「まあ大丈夫だろう」と思うとか，吊革広告見るようにしたり，あっ！ 会社の書類読んでることが多いですね。ダメな日は書類なんか読む気もしないんですけど。大丈夫な日は会議の予習したりしていますね。

Th：大丈夫だから資料を読める。その逆も真なりかもしれませんね。 ポイント7へ

ミニミニコラム：うつ症状の背景にある不安障害

　うつ症状の背景に，「不安障害」が隠れているというケースは少なくありません。「過剰な不安とこだわり」への苦し紛れの対処が長期化し，それによる心身の疲労が限界に達してきたことによって，うつ症状がもたらされている場合です。不安障害を抱えた人はしばしば，「このような奇妙なことを意識するのは世の中で自分だけ」であり，「どうせ他人にはわかってもらえない」だろう，とか，「不安やとらわれのための過剰な回避や儀式的ふるまいを止めることは無理」などと思い込んでいるものです。生活の中の困り事を丁寧にうかがうスキルをもつセラピストが，面接の中で積極的に確認することで初めて，不安障害が明らかになってきます。休息や薬物療法など一般的なうつ症状への手当に加え，不安障害としての理解と改善の見通しがもてるようになると，うつ症状はかなり回復してきます。不安障害までにCBTへの支援が及ぶことで，うつの再発のリスクも小さくすることができるでしょう。

| ポイント6 | 頻度を確認することで，例外，つまり「うまくやれているとき」もあることに気づくことができます。うまくやれているときはどのような状態であるかを確認するとともに，そのようなときに本人が行なっている対処法（自覚しているかどうかにかかわらず）が何かあるかについても探ってみましょう。|
| ポイント7 | 情報収集の段階から，変化に向けたセラピーは始まっています。詳細について質問され，場面を想起することを通して，クライエントの気づきや洞察も深まりやすくなります。後のセラピーにおいてポイントになるような発言やエピソードがあるときは，呼び水になるような一言を伝えておくようにしましょう。|

▶ このケースのその後の展開

　通勤については，あまり混んでいない時間帯であれば，急行電車で問題なく通えるようになり自信がついた。週末も家族の誘いに応じて買い物や近隣の遊戯施設等に出かける回数も増え，電車の苦手意識は薄れていった。セラピーを開始してから7か月程度経過した頃，夏休みに子供と新幹線で海への旅行に出かける計画を立て，無事実行できたことが大きな自信となって，その後は順調に推移したことから終結となった。1年後のフォローアップでは，再発なく過ごせており，最近は出張に出かけられるようになっているとのことであった。

・・・・・・・・・・・・・・・・共著者からみた「ここがいいね！」

　ポイント1について。顕微鏡での観察の基本として「低倍率から高倍率へ」というのを中学校で習いましたけど，それと同じですね。「おおまか」から「細部」への情報集め，が基本。そういえば，同じく顕微鏡の使い方で，「『標本』を傷つけることないよう対物レンズを時どき横から確認して」というのもありました。情報を得ることでクライエントを傷つけることがないよう，気配りも重要ですね。

　鈴木さんの介入では，「ビクビクしている」みたいな感覚表現を丁寧に扱うことへの配慮が効いています。観察の対象について「不安」と決めつけてしまわず，とりあえずそのままに受け止めておく。ただし，セラピストは観察のプロですから，積極的にリードする役割があることも忘れちゃいけない。「受容と共感」や「クライエント主導」と「セラピスト主導」の使い分けができていないセラピストのせいで暗礁にのりあげてしまったという事例も少なくないようです。その意味で，よい模範だと思います。

　ポイント7のような，「変化に向けたセラピーが早期から始まっている」に

も着目していただきたいですね。いわゆる「例外さがし」です。ここにあるように「何かをしているんじゃないですか」と本人の振る舞いを確認する方法と，「(たまたまでもいいから)○○だと大丈夫なのかもしれない，といったヒントはありませんか」と，振り返ってもらう方法があります。

　あえて重箱の隅をつつかせてもらうと，もし自分だったら，「ダメ」という言葉は，仮にクライエントから言い出されたとしても，こっそり「うまくいかない日（とき）」などと言い換えしたくなります。

テクニック1の2　面接への動機づけを高め，問題行動のきっかけを把握していくコツ

基本のおさらい

①衝動的行為とは？

「いつもの，その衝動」がわくと，決まった習慣行為を行なわずにはいられない。行なえば衝動は一時収まる。しかし，しばらくすればまたその衝動が…，という特徴を示す精神障害があります。依存や嗜癖，あるいは衝動制御困難などともよばれます。

若い女性を中心に多い，習慣的自傷行為，いわゆるリストカットの問題については，これ単独で特定の診断名が付されることはありません。感情調整に深刻な困難を示す精神障害では，同時に自傷の問題を抱えている割合が高いようです。他方，おおむね適応できている人でも，感情調整に困難を覚え，その中で身につけた自傷行為を，止めるに止められなくなるという事例もまれではありません。

このような習慣的自傷の大半は，強い自殺願望（自殺念慮や企図）とは直結していません。ただし，行為としては自殺に準ずるため，我が国と同様に広くこの問題が認められる先進諸国では，パラ自殺（para-suicidal）行動ともよばれています。

②習慣的自傷行為への認知行動療法

テクニック2の4で扱う，病的ギャンブリング（PG：pathological gambling）と同じく，習慣的自傷行為への認知行動療法は，「衝動制御パッケージ」（p.14，コラム1参照）に沿います。そこでは，認知行動療法のさまざまな技法が必要に応じて投入されます。

まず確立操作的な介入として，強い衝動が喚起されやすい状態を早めに緩和するような，本人や周囲の働きかけが望まれます。これと関連し，刺激性制御として，行為のトリガー（きっかけ）となる外的刺激・出来事に調整を加えることも大切で

す。自傷の引き金となるのは，外界，モノの世界だけではありません。行為の生起しやすさにつながる自動思考をセルフモニターし，かつコントロールとして調整することも，刺激性制御の1つです。つまり，自傷行為につながりやすい考えやイメージに対する本人のセルフモニター能力を高めることで，生起を抑制していくのです。

習慣行動は，それが習慣（繰り返される）である以上，なんらかの機能をもっていると考えられます。リストカットがどのような機能を内外環境に及ぼしているのかを，丁寧に分析（機能分析）し，それをクライエントと共有し，同じ機能をもつが問題とはならない他の代替行動へと置き換えられるよう，プランを立て，進めていきます。

リストカットについて，かつては，ヒステリー的行為，つまり「人の注意関心，ケアを引き出そうという無意識」によるものである点が強調されがちでした。しかし近年増えている習慣的自傷行為については，対人的な機能よりも，なんらかの心理的「せつなさ」を，一時的に解消する（「リセット」する）機能が主流のようです。

また，必要に応じ，生活全般におけるストレス対処の乏しさ，重要な人間関係における社会的スキルの不適切さや不足，衝動コントロールスキルの不足などが認められれば，それらに対する介入を付け加えていくべきでしょう。

③自傷行為のアセスメントではまず，「傷」を見る，が基本

臨床心理学では伝統的に，「問題そのものにとらわれず，その背景に目を向ける」が強調されてきました。「表面よりも本質」ともっともらしい正論を言われると，それに反論しにくくなるのは，どの学問領域でも同じでしょう。しかし認知行動療法の実践では，あえてその逆の発想をもつ勇気も必要です。「心は細部に宿る」ものなのです。

リストカットでは，その傷そのもの（部位，長さ，深さなど，傷からうかがえる衝動性），その傷がついた状況や用いた道具，などについての情報が重要です。特に，衝動性がとても激しい場合，いわゆる解離状態で傷をつけることがあるもの（"自分で傷をつけた記憶が残らない"が特徴）など，危険度の高いケースが含まれます。

緊急性の判断は，たとえば，仮に本人がそれを拒否しても保護者に即伝えるか，医療機関との連携や入院を急ぐべきか，本人の監視をどの程度にすべきか，などの方針決定にかかわります。洋の東西を問わず，自傷癖は女性に多いのですが，女性の保健師など，同性のスタッフが支援に加わり，定期的に部位を確認できるとより安心です。

④認知行動療法のためのアセスメント

ごく最近の自傷エピソードについて，①いつ，どこで，何を使って傷をつけたの

か，②その直前15～30分ほどの間は，どんな気分だったか，③その直前の「せつない気分」に関連したその日のそれまでの出来事は何か，それがどのように，せつなさとつながったのか，④傷をつけた後何をしたか，何が起こったか，そのときどんな気分だったか，などを確認していきます。

「せつなさ」がつのったエピソードの話を深めながらも，スキルや対処を高めることで緩和できそうな側面を浮き彫りにできると，よい面接になります。

▶ケースの概要

【症　例】　Bさん中学2年生，女子，14歳。明るく活動的，成績は優秀なほうだが，中2になってやや低下気味。3年生が引退した後，テニス部のキャプテンをつとめている。友人関係も広く，クラスの女子でも中心的存在。

【家　族】　父親（45歳，高校の体育教員），母親（43歳，小学校教員），父方祖父母，弟（小5）との6人暮らし。祖父母は別棟だが，母親の仕事の関係で，平日の夕食は祖母のところで食べ，それから自室で過ごすことが多い。

【問題歴】　小学校の頃から，何度か学級委員に推されるなど，同級生から信頼・期待されることが多いタイプであった。成績も上位で，父親の支えなどもあり，スポーツ活動にも積極的であった。性格はまじめで，努力家タイプであった。手首等への自傷については，小6時秋頃に，芯の出ていないシャープペンシルで白い筋をつけるような行為を友人としていたところを，保健室の教員に知られ，家庭に連絡されたことがあった。自責傾向の強さは，その頃からうかがえた。

中学進学後，特に問題なく順調であったが，徐々に，部活の先輩との関係，友だち関係のトラブルに巻き込まれては思い悩むことが増えてきた。何度か相談を受けた母親はよく，「あなたがそこまで悩む必要はない」などと諭してきたという。中2に進級して間もなく，小学校時代から仲良しだった女子が，あれこれ騒動の後，同じテニス部を辞めたほかにも，成績の低下や男子生徒との付き合いを両親に注意されたことなども重なり，表情が暗くなってきた。

中2の秋，心配していた部活動の顧問であった女性教員に，非効き手側上腕に文具カッターで傷をつける癖をみつけられ，初めて他人に相談した。夏休み中から3か月ほど続いてエスカレートしてきたということで，スクールカウンセラーとの継続面接をすすめることとなった。

【現在の状態像】　いわゆる自殺への願望，死ぬことを考えている（自殺念慮）や計画している（自殺企図）は認められなかった。主にかかわる教員の間で，傷や傷つけかたの衝動性がさほど強くないこと，学校スタッフとの継続した相談に

応じるつもりがあること，そして何より本人が強くそれを希望していることなどから，当面，家族への連絡をせずに，学校教職員できめ細かく見守りかつ，支援することとした．ただし，これ以上悪くなるようであれば，あるいは，学校での相談やカウンセリング，定期的な傷等の確認などを前向きに受け入れてほしい旨を養護教諭が提案したところ，本人から承諾を得た．

コラム1 「衝動制御パッケージ」基本となる7ステップ

①衝動（強迫ないし依存）の特性や現実を知り，改善の動機づけを高める．
　　衝動が求める行為（回避または接近）の利益（機能）と不利益の確認
②衝動の増減を具体的に測定する指標を共有する．
　　具体的行為の頻度，結果（傷，時間や金の損失，トラブル），頭を占める割合，集中困難，仕事への影響，気分への影響，など
③衝動のたまり感，ひきがね（トリガー）を生活の中から特定する．
　　表3-1-1の「モノ・ヒト・ココロ」の出現，予定の変更など
④衝動が求める行為（回避または接近）への言い訳に気づき調整する．
　　○○のせい，○○だから許される，今回は特別，メリットもある，等
⑤衝動を蒸発乾燥させる訓練に従事する．
　　エクスポージャー，持続的または段階的に，必要に応じ中和化を導入
⑥衝動が求める行為とは別の，よりリスクが低い代替行動をプランする．
　　機能的にほぼ等価である（似た効果を残す）ものから選択
⑦再発防止のための工夫，衝動制御のための工夫の確認と内在化．
　　対処法を思い出しやすく，使いやすくする．予測されるリスクに応じた対処の確認．

　以上は，必要に応じて，家族の参加，あるは集団療法としてもよい．

※本書で扱っていない衝動制御の問題・障害のさまざま
　触法系：放火癖（pyromania），窃盗癖（kleptomania）
　異常性欲系：窃視（のぞき，撮影含む），フェチシズム，小児性愛その他
　自傷系：抜毛症（trichotillomania），強迫的皮膚摘み取り（skin picking）
　物質依存系：各種嗜癖性ある薬物，アルコール，有機溶剤
　プロセス依存系：買い物依存，ネット依存，ゲーム依存

コラム2　「衝動制御パッケージ」で面接を進める場合の応答例

ねらい①：喚起された場面で直前の活動や出来事，心の状態とつなげてとらえる。

最後に（一番最近で）『〜しないといられない』気持ちになったときについて，下記のような質問により（以下，すべてする必要はないが）情報を集めていく。

- いつ頃のことですか。（できれば曜日，日にち）
- おおよそ何時頃だったでしょうか。（午前，午後，夕方，夜，深夜）
- どんな日だったでしょう。（仕事あり，休み，など）
- どんな作業活動をしていたときだったでしょうか。
- 場所はどこでしたか。どんな姿勢でしたか。
- 誰かと一緒でしたか，1人でしたか。
- その衝動を感じていたときに目の前に何がありましたか。
- 何が聞こえていましたか。
- その衝動はどんなものだったか，言葉にできますか。
- その衝動を身体のどこでどのように感じましたか。

ねらい②：衝動の刹那的な解消とそれが生んだ効果（内外の変化）を，とらえる。

最後に（一番最近で）『〜しないといられない』気持ちになったときについて，情報を集めていく。

- まず，具体的にどうしようとしましたか。
- その行為の直前，あるいは最中に考えていた（つぶやいた）ことはありますか。

一般には，答えにくい質問になる。後から再度確認してもよい，また，「たとえば，〜などといったことを頭の中でつぶやいていませんでしたか」とセラピスト側から，ありそうなセリフを具体的に出してみてもよい。

- その行為をやりかけたら，その衝動の強さはどうなっていきましたか。
- その行為を進める中で，その衝動の強さはどうなっていきましたか。
- その行為の結果，気分（身体の感覚）はどうなりましたか。
- その行為の直後，何が展開されましたか。
- その行為の直後，誰かから何か言われた，された，ことはありませんでしたか。

ねらい③：例外的なエピソードから，代替行為のヒントを得る

- その行為をしてしまいそうだったのに，せずにすんだときはありませんでしたか。

例えば，『〜だったのに，〜せずにすんだとき』など，すでに得た情報を参考にして確認する。

- そのときは，いつも（してしまうとき）とは何か違った事情があったのでしょうか。
- そのときは，その行為をせずにすませられた，何か好都合のことがありましたか。
- たまたまでもよいので，「そのときはこうだったからかも」ということを教えてください。
- ほかにも「○○のときは比較的マシ」だと思われるヒントがあれば，「気のせいにすぎないかも」でかまわないので教えてください。

▶面接への動機づけを高めながら情報を集めるコツ

> 部活顧問の教員と担任（男性），養護教諭から問題の経過を事前に尋ね，また，本人にもスクールカウンセラー（男性）と会う希望があることを確認した上で，放課後を利用した面接が始まりました。以下はその初回です。

[初回カウンセリングであったので，部活動のこと，その他趣味や得意な教科などについて話を聞いたりした後で……]

Th：自分を自分で傷つけてしまう，ということだけど。そうだなあ，その癖について，カウンセリングの中で，なんとよぶことにしようか？ リスカ，て言うには，ちょっと上（肩に近いところ）だしね。 ポイント1へ

Cl：アムカ，っていう言い方もあるらしいです。ネットにありました。

Th：あっそれ，たしかに聴いたことあるね。アムカ，でいいかな。そう，じゃあ，アムカとよぶことにしよう。傷を見せてもらうわけにはいかないかな，先生方から話はうかがったので，嫌だったら無理しなくていいけど？ ポイント2へ

Cl：別に平気です（半そでをまくりあげ，一見して擦り傷のように見える傷跡を見せてくれる）。

Th：ありがとう。ああ，これですか，痛々しいですね。文房具用のカッターを使うってことらしいけど。筆箱に入るようなサイズのものですか？ ポイント3へ

Cl：そうです。この位置に（腕の内側）こんな擦り傷ができるのはおかしいって，それでばれたんです，S先生（養護教諭）に。S先生は結構，するどいですから。

Th：へぇー，そうなんだ，本当は誰にも見つかりたくなかった，ですか。ご家族にもばれてなかったということですが。

Cl：誰にも，ばれていませんでした。

Th：友達にも？

Cl：はい，心配かけるに決まっているし。なんか，友だちをまきこむのって，好きじゃないです。なんと言ったらよいか。

Th：友だちに，頼る，みたいになるのが嫌ということかな。 ポイント4へ

Cl：そうですね。そういうことで心配してもらおうというわけではないし，とにかく心配してもらいたくはないです。

▶ポイント解説

　面接への動機づけを高めながら情報を集めていくために望ましい関係は，第一に"クライエントにとって話しやすいこと"ですね。その中で有効な情報を提供してもらいましょう。クライエントのテンポに合わせること。しんみりの人にはしんみりと，ポンポンと話す子には，ポンポンと。

　徹底的に受容するばかりが，セラピストの技術ではありません。理解しにくかったら，もう少し情報を提供してもらえるように，また，時おり話を整理して，「こういうことだと理解したのですが，これでよかったでしょうか」と，要点をポイントポイントで返してあげ，話に沿っていけているか，確認できるといいですね。このように，話を聞いてもらっているうちに，気持ち（アタマ）が整理されてくれば，「このカウンセリングでよくしていけそうな気がしてきた」と感じてもらえるでしょう。

ポイント1　問題行動，症状などに名前をつけます。それによって，クライエントが困った人なのではなく，クライエントにはある困ったことがくっついてしまっている，というとらえ方が共有しやすくなります。問題や症状を対象化している（クライエントから切り離している）雰囲気を形成していきます。

ポイント2　傷の確認。自傷行為の場合でなく，ある問題行動の結果や痕跡は，可能なら，しっかり確認できるとよいでしょう。実証を重視する認知行動療法の原則です。ただし，もちろんその身体部位にもよります。医師資格がないセラピストの場合，触れることは原則として控えます。特に女性クライエントと男性セラピストの場合は，養護教諭や女性教諭，女性看護士など，3人がその場にいる状況で確認できるとよいでしょう。

ポイント3　痕跡を確認しながら，問題行動発生時の状況，手段，用いた道具などを尋ねていきます。習慣的自傷のクライエントの大半は，意外にも，これらを見せ，語ることに抵抗が少ない場合が多いようです。

ポイント4　「…は好きじゃない」「…には抵抗がある」「…になったら，チョーやばい」などと感覚的な表現で語る人が増えています。中高生だけでなく，一般的な傾向のようです。これらに対しセラピストは，「うん，うん」などと「わかったふり」をしないこと。イメージができるまで丁寧に確認してきましょう。「やばい」のように，プラス評価なのかマイナス評価なのか，不明瞭な場合も少なくありません。クライエントから「この人，通じないなあ」と思われることを過剰に恐れるのは，セラピスト個人の問題です。

Th：なるほど，誰かを巻き込みたいわけではない，自分でなんとか，解決できるようになりたい，ってところですね。 ポイント5へ

Cl：そうできたら，いちばんいいかな，って。でも，結局こうして，次々といろんな先生に，迷惑かけてますが。

Th：私については，これが仕事だから，遠慮はいらないんだけど。でも本当は，つらいことがあっても，自分でなんとか，傷つけるようなことをしないように，って。ね。それが目標だって，ことで，いいですねかね。

Cl：そうです。まあ。

Th：わかりました。じゃあ，カウンセリングも，そういうことで進めましょう。
ポイント6へ
　T美さんは，しっかり自分のことを自分でお話できるから，きっとカウンセリングでよくしていくことができると思いますよ。で，今の話ですが，結局，何かいろいろ悩むことがあって，それが，そのアムカと関連しているというように聞こえましたが，そういうことですか。

Cl：そういうところがあったと思います。でもなんか，だんだん，もう癖になって，何かやらないといられなくて，それで，やって落ち着く，とか，そういう気持ちになってきたところもあります。

Th：なるほど，私（カウンセラー）はこういうお仕事をしていますから，T美さんみたいなことで困っている人のお話を何人もうかがってきました。たしかに，いちど癖になると「やらずに我慢しているのがつらくて，それをなんとかしたいから，またやる」みたいになるようです。T美さんの場合は，どうですか。 ポイント7へ

Cl：言われてみれば，だんだん，悩みとかは関係なくなってきているかも。

Th：ちょうど，ゲームか何かにハマったみたいに，ですか。

Cl：ああ，それ，すごくよくわかります。

Th：ところで，最後に傷をつけたのが，いつだったか，思い出せますか。ここにカレンダーがあるけど。

Cl：ええと，たしか，先々週の金曜日の夜だったと思います。次の日の，土曜日の練習試合の準備をしてから，少し遅くなって，家に帰った日ですから。

Th：すごい記憶力ですね，助かります。この6日の金曜日ですね。その練習試合の準備，というのは，結構たいへんだったんでしょうか。

Cl：いや，べつに準備そのものは，たいしたことないです。ただ，1年生がちゃんとやってくれなくて……。

ポイント5 問題の経歴，現在の様子を尋ねると，その中には，クライエントなりに克服し，乗り越えていこうとする「もがき」がみてとれます。そのもがきが妥当かどうかはひとまず脇に置いておきます。まずは，これまでの努力，自ら編み出してきた対処や工夫について，面接の中で浮かび上がってくるたび，コンパクトに指摘してあげましょう。この際，「それはよくがんばったねぇ」など，無理にヨイショする必要はありません。逆に「自分一人でがんばりすぎたのがよくなかった」などと批判することも控えます。きわめてニュートラルに，ありのままを指摘します。誰だって，「これまでのあなたの基本的態度がなっていない」と断定されたら，気分がヘコむものです。「あなたはそのままでよい」というメッセージもイマイチです。だって，なんらかの変容を計画しすすめていくのが認知行動療法ですから，セラピストが「心にもないこと」を口にすることになります。他に，最初の段階で徹底的にヘコます心理的介入の方法もあり得ますが，認知行動療法ではそのようなギャンブルはまず選択しません。

ポイント6 カウンセリングの目的を確認します。これは，継続中定期的に行なわれるとよいでしょう。

ポイント7 いわゆる心理教育です。ここでは，リストカット等の習慣的自傷行為，あるいは依存的問題行動について，症状がもつ機能の典型的なパターンを具体的に説明しています。心理教育というと，急に難しい内容，ともすると講義調，断定調になることがありますが，「…ということが一般的に多いみたいですが，あなたはどうでしょう」などと確認していくとよいでしょう。「逃げている」といった，解釈を含む強い表現は，避けておきます。なるべく本人の表現を借りながら，エッセンスを伝えます。

▶問題行動までのたまり感と直前・直後をリアルにとらえるコツ

> 最後にあった自傷行為のエピソードについて,それに至るまでの「たまり感」(いわゆる確立操作,その問題行動が出現しやすくなる準備状況),直前の「きっかけ・トリガー」(いわゆる弁別手がかり),そして,行為に及んだ直後の「内外環境の変化」(いわゆる随伴性)を明らかにしていきます……。

Th:その,練習試合の準備,1年生,つまり後輩たちとの関係が,何か,からんでいるようですね。そのことについて教えてもえらたらうれしいのですが。 ポイント8へ

Cl:テニス部の今年の1年生は,なかなか言うことを聞いてくれないのです。去年の自分たちは,先輩には絶対従う,という雰囲気だったのに。

Th:おや,そうですか,T美さんのように部長の立場だとたいへんでしょう。

Cl:1年生は,私たちを少しなめています。1年には結構,上手な子が多いからかもしれません。しかもそれを気に入らない一部の2年生から,「部長がもっと厳しく注意すべきだ」って言われて。

Th:おやおや,それはつらいでしょうね。 ポイント9へ

Cl:だったら,自分で言えばいいのに。でも,部長が,部長が,って言うし。

Th:まさにそんな,板挟み状態が,その金曜日にあって,たいへんだったと。

Cl:そうです。

Th:で,その金曜日,家に帰るころには,どんな気持ちでしたか。

Cl:もう,部長なんか引き受けるんじゃなかった,辞めてしまいたい,K子も辞めていったし,このまま残っていても,いいことない。リーダーのタイプじゃない。

Th:気持ちはどうでしょう? 悲しい,悔しい,心配かな? ポイント10へ

Cl:自分で情けない,というか,どうして自分はこうなんだろうって。本当は,いったん引き受けたんだから,ちゃんとやり遂げなきゃならないのに。

Th:うーん,辞めたい,という気持ちもあり,でもそんなふうに考えちゃいけない,という考えもあった,というところかな? ポイント11へ

Cl:そうです,こういう自分が,とても嫌いです。すごくイライラしました。

Th:自分がとっても嫌いだ,情けない,イライラ,そんな状態で,家に着いた。それが何時頃でした?

Cl:着いたのは,18時30分頃だったと思います。

Th:それからどうしたのかな? なんか,しつこくてごめんね。 ポイント12へ

▶ポイント解説

　いかがでしょうか。T美さんの「先週の金曜日の夕方から夜にかけて」がありありと，映像に浮かんでくるのではないでしょうか。このくらいまで，お話をうかがえると，どこかに，「ここがこうなれば，自傷行為が減っていくのではないか」という常識的なアイディアが自然に沸いてくるのではないでしょうか。

　ただし，慌ててはいけません。クライエントの症状の重篤さ，心のゆとりの程度，発達段階，回復のための潜在的力，などにもよりますが，まずは，丁寧に聞いて，いくつかのエピソードに共通する要素を浮き彫りにしてください。

　また，セラピスト側から新しい対処や工夫を提案するよりも，すでにクライエントができているよい工夫，よい対処を見つけて，それを強化し，さらにそのやり方の延長上でできることをのばすのがベターです。

| ポイント8 | 「語られることをうかがうのみ」という待ちの姿勢ではなく，「あなたのそのお困りについて，とても関心があるし応援もしたいので，詳しく教えていただけるとありがたい」という気持ちを率直に示すこと。 |

| ポイント9 | 衝動的問題行動の多くには，「せつなさ」がある。そこについて具体的に話題が出てきたら，しっかり共感のコメントを示すこと。 |

| ポイント10 | 「せつなさ」の気持ちは，まるでカクテルのように，さまざまなものがブレンドされているものです。しかし，その色彩をできるだけ把握できると，後に続く面接が進めやすくなります。 |

| ポイント11 | このように，しばしばある心の葛藤については，それらを整理して示すこと。「どちらがより本心か」「どちらの考えが自分に無理した結果か」などと，白黒はっきりさせる必要はありません。 |

| ポイント12 | ケースの問題の性質にもよりますが，第三者からすれば，しつこいのでは，と思えるくらい，尋ねていくこともよくあります。むろん，あくまで本人の様子，表情，口調などを確認しながらですが。"クライエントの問題の支援に積極的に関心がある"ことが相手に伝わっていれば，そして何より，セラピストの質問に答えていくことで，クライエントのアタマが整理されていくかぎり（アタマが整理される過程は，ほとんどの場合「快」に感じられるので），質問を受ける本人は，さほどしつこいとは感じないものです。そしてできれば，このように，時間の経過とともに伺っていくことで，問題行動出現の前後の心の流れを，よく思い出していただきやすくなります。 |

Cl：ごはん食べて，お風呂に入って，早めに自分の部屋に入りました。勉強するって，雰囲気で。

Th：その日，自分の部屋に入ったのは，いつもより，早めかな。

Cl：そうです。いつもだと，居間でだらだらしていると，勉強は？って言われる。

Th：もうそこで，アムカするぞ，って決めて2階へ？

Cl：決めていたわけじゃないけど，……ああ，でもなんとなく決まっていたかも。

Th：へえ，アムカの日はだいたいそんな感じなんだね。 ポイント13へ

Cl：嫌いな自分を，ちゃんとさせなきゃならないし，イライラしなくなるし。

Th：嫌いな自分はちゃんとさせなきゃならないし，イライラはできるだけ小さくしたいよね。 ポイント14へ

Cl：そうですね，夏休み前頃から，そんな感じになってきました。

Th：例の，カッターはどこに置いてあるのかしら。

Cl：机の，引き出しの奥です。

Th：ああ，目につきやすいところには置いてないのね。 ポイント15へ

Cl：さすがにそれだと，やばいです。

Th：そうだね，それがいいね，これから減らしていくためには。T美さんも，さすがにいろいろ考えているんですね。良いことだと思います。 ポイント16へ

Cl：わかりました。

Th：先生に預けておく，というのもひとつかもね。考えてみて，よかったら。

Cl：考えてみます。

Th：カッターをすっと引くんですか。じわじわと押し当てますか？ ポイント17へ

Cl：速く，さっと動かすのは怖いので。ゆっくり，引きます。

Th：痛いでしょ？

Cl：そのときは，あまり痛みは感じませんけど。でも，うっすらと血がにじんでくると，何か，ふと安心しますね。時どき，うまくにじんでくるくらいの，ちょうどよくは，できないこともありますけど。

Th：そうか，なんか，腕の皮膚の立場になると，痛々しくて気の毒だけど。 ポイント18へ でも，にじんでくるのを見ると，安心するというわけですね。

Cl：たしかにかわいそうですね。でも，血がにじむと，これでいいぞ，って。ほっとするんです……。

［さらにしばらくやりとりがあって］

Th：そろそろ，時間ですね。今日は，よくお話してくれて，ほんとにありがとう…。

| ポイント13 | あるときの問題行動（ここではアムカ）における前後パターンが，どれだけ他の場面との間に共通性，普遍性があるかを確認しておくことも大切です。このような質問によって，クライエントは問題行動に対する自己洞察を得ることもあります。自己洞察，気づき，セルフモニターが行なわれるようになることが，変化のきっかけとなる，あるいは変化のための工夫のヒントをもたらすからです。

| ポイント14 | 問題行動はしばしば，「対処」です。その対処のねらいを支持する（「それはそうだよね」と伝える）ことで，クライエントにいくらかでも安堵していただき，そのねらいを他の代替行動で得られるように，をめざします。

| ポイント15 | クライエントが自発的にできているささやかな工夫，対処を見つけたら，積極的に指摘して，評価するコメントを返しましょう（つまり，強化する）。物理的に制御していくこと，いわゆる刺激性制御も大切です。

| ポイント16 | 認知行動療法でなくとも，クライエントの前向きさを賞賛することはあるはず。どうせなら，ポイントになる発言にタイミングよく，提供したいもの。何をご褒美にするか，よりも，随伴させるタイミングが重要です。

| ポイント17 | 重要な衝動性の強さについて，まさに傷をつけている瞬間にタイムスリップしてもらい，ヒントを集めます。

| ポイント18 | できれば止めてほしい行為（一般的には，自傷他害の行為）としてセラピストは認識していることも，正直に表現しておくべきでしょう。

■■■▶ **このケースのその後の展開**

　この後，中3の部活動が終わる時期まで，月に2，3回の割合で計12回ほど面接。部活動引退後は（途中で退部することなく）2回面接した。自傷行為は面接開始直後から回数が減り，中2の2月以降は，本人による報告では「やらなくてすむようになってきた」とのこと。養護教諭の確認（腕を直接に）でも止まっていることが確認された。

　実際の介入は，部活動の悩みについては，できるだけ顧問に伝え，部長一人でなく，必要に応じて同じ学年や全部員での話し合いで解消できるように努めた。

　家族に自傷について伝え理解してもらうことについては，中2の1月に，本人が親にもわかってもらえることの意味に同意し，母親とスクールカウンセラーの面接が行なわれた。それ以降，母親にも，学校の悩みを言葉にすることが増えてきた。

　高校受験のストレス等も心配されたが，養護教諭には，「部活や友だち関係のたいへんさにくらべれば，受験なんて，出来が悪ければ自分に返ってくるだけだから平気」と語っていたという。特に大きなトラブルもなく中学を卒業し希望の高校に進学していった。

共著者からみた「ここがいいね！」

　仕事がら，いろいろな方のスーパービジョンをさせていただくことがありますが，数年程度経験を積んだスクールカウンセラーの方でも，子どもに自傷行為の傷を見せられると，一気に腰が引けてしまって，そのことをどう扱うべきか混乱したり，巻き込まれてしまうのではないかと警戒したり，深刻な事態になることを心配しすぎてしまうなど，結果として腫物に触るようなカウンセリングになってしまうことが少なくないようです。もちろん，慎重な対応が必要なケースも多くあるのは事実ですが，自傷行為の内容や頻度，強度，行為の前後の状況などの基本情報が十分にとれていないことも少なくありません。これでは，慎重な対応が必要かどうかすらも判断できませんね。

　自傷行為について扱っているテキストは結構多いのですが，どちらかというとリスクマネジメントについての「ベキ論」ばかり書かれていたり，背景の深層病理をあれこれ掘り下げて（過ぎている？）考察しているものが目立ちます。しかし，困惑しているスクールカウンセラーとしては，カウンセリングを軌道に乗せながら現実的対応としてどのようなことをしていけばよいかを知りたいのが正直なところですね。そういう意味では，このケースは，自傷行為を扱うときの基本的なスタンスを学ぶことができる，とってもよい素材といえます。冒頭の概論のところでは，リスクマネジメントとして押さえておきたいポイントが書かれており，後半では，自傷行為という表現型とそれを生じさせている内的感情や外的刺激の関係性をクライエントとともに整理していく手順が解説されています。特に神村さんのダイアログで注目したいのは，ステップ14～19にかけてのやりとりですね。クライエントの心情を共感しすぎるわけでもないが，でも，そのときの気持ちを丁寧に受け止めながら，モヤモヤした気持ちからなんとなくカッターを手に取り，じわじわ押し当てていく，そしてなんだか安心するという一連の行為を2人で共有できるように描写しています。このような自傷行為を取り巻く刺激反応の連鎖を記述することができれば，「心の叫びだ！」などと概念化しなくても，「生活の中の悪い癖」としてどんな工夫ができそうかを話し合うことができますよね。

ケースフォーミュレーションのコツ

テクニック 1の3

基本のおさらい

①ケースフォーミュレーションとは

　初期面接や心理検査等のアセスメントで得た情報を整理して，主訴やそれに関連する生活上の問題の維持・増悪に関与している悪循環を見立てていくことをケースフォーミュレーションといいます。

②ケースフォーミュレーションの役割

　ケースフォーミュレーションとは単に診断的理解を定めるのではありません。その後展開される介入において，何をターゲットとして，どのような介入を，どのように展開していくかを計画していくための「臨床仮説」を構築するためのプロセスなのです。

③陥りやすい誤解

　近年，うつ病や不安障害などに関するさまざまな認知行動療法に関する多くの解説書やマニュアルが出版されています。このようにマニュアルが整備され，「うつ病という診断」→「うつ病の認知行動療法マニュアル」という具合に短絡的にセラピーへと導入していくと認知行動療法はうまく展開しません。認知行動療法では，クライエント自身が技法やホームワークのねらいと活用方法を理解し，自発的に取り組むことが重要です。そのためには，セラピストは問題の経過や，主訴にかかわる諸要因の影響性（周囲の環境や人間関係など），さらにはクライエントの特徴などについて十分に理解し，各種技法がクライエントに効果的に働くように心理教育を行なうとともに，技法の最適化を行なっていくことが必要です。そのためには，丁寧なケースフォーミュレーションが不可欠です。

　また，認知行動療法に関する各種解説書ではうつ病や不安障害などに特徴的な思

考，行動，感情などの関係性について解説された認知行動モデルが紹介されています。このようなモデルは，それぞれの病態の概略を理解するのにはたいへん役に立ちますが，この情報はあくまでも多くのクライエントに共通する「ミニマムエッセンシャル」を示したものにすぎません。クライエントの状態を理解する際に，その認知行動モデルの雛型にクライエントをあてはめながら情報収集をするようなケースフォーミュレーションにならないように気をつけましょう。

▶ケースの概要

【症 例】 53歳，女性，専業主婦。

【主 訴】 気分が落ち込む，何事にもやる気が起きなくて家事が滞る。夜寝つきが悪く怖い夢を見る。イライラしたり悲しくなったり自分の気持ちをうまくコントロールできずに家族に迷惑をかけてしまう。

【問題歴】 2年前に母親が他界（父は5年前にすでに亡くなっている）。葬儀後，遺産のことで兄夫婦ともめるようになる。母はこれまで遺産のことについて無頓着で，家族で話し合ったことはなく，死後，土地や証券，預貯金などが想像以上にあったこともあり，その配分で兄夫婦（特に義姉）と口論になることが増えた。母の一回忌のときに義姉からひどいことを言われてショックを受けて以来，気分が落ち込む，悲しくなって突然泣いてしまう，すごくイライラして感情を抑えられなくなることが増える。

兄夫婦は遠隔地に住んでおり，病気がちだった母の看病はほとんど自分がやってきたという自負がある。兄夫婦はそのことをまったく頓着せず，自分の権利ばかりを主張し，「お前は○○家を出た人間なんだから」と聞く耳をもたない。義姉はたびたび電話してきては，攻撃的な口調で一方的にまくしたててくる。夫に相談するが，仕事が忙しいこともあり，あまり関心を寄せてくれず，一人で悶々と過ごす日々が続いていた。そのような状況が続いていた半年前頃から，入眠困難，早朝覚醒などが恒常的になり，朝の家事ができなくなり，夫や娘に「ちゃんとしてほしい」と言われることが増え，ますます気分が落ち込むようになった。最近は日中も何もする気がせず，ボーっと過ごす日が続いている状態となり，夫の促しもあって精神科クリニックへの受診となった。

受診後，抗うつ薬と睡眠薬の処方で抑うつ感や睡眠障害はある程度改善したが，兄夫婦とのトラブルに関するさまざまな嫌悪体験にとらわれてしまい，前向きな気持ちになれず，日々の生活を楽しむことができない。また，家事などへの負担感が軽減しないこと，人間関係がおっくうで閉じこもりがちであるなどの理由から，主治医の勧めで認知行動療法が導入されることになった。

コラム3　ケースフォーミュレーションはいつまでに終える？

　認知行動療法のワークショップの講師をしていて，「ケースフォーミュレーションは，何セッション目までに終えるべきでしょうか？」というご質問をよくいただきます。確かに，認知行動療法のパッケージプログラムを見ると，"セッション1：心理教育，セッション2〜3：ケースの概念化（ケースフォーミュレーション），セッション4〜5：自動思考の同定……"というぐあいに，セッションごとのアジェンダが明確に示されていますので，そのセッションまでにケースフォーミュレーションを終えなければならない，あるいは，ケースフォーミュレーションはまだ不十分だが，そろそろ介入セッションに入らなければまずいのでは？　という焦りを感じながらセラピーを行なっている方は少なくないようです。

　そもそもケースフォーミュレーションとは，セラピーを行なっていく際の「臨床仮説」ですので，「いつまでに終える」というたぐいのものではありません。毎回の面接を通して得た情報をもとに，その時点での問題理解とそれに基づく今後の戦略を考えていくプロセスです。したがって，本質論からいえばセラピーが続くかぎり毎回行なっていくべきものです。しかし，セラピーの導入期には，問題の概要とそれを維持している悪循環を整理して介入方針を立てる必要がありますので，テキストブックではプログラムの冒頭数回をケースフォーミュレーションにあてているのです。

　ですので，ワークショップでいただく質問には，次のように答えるようにしています。「回数を気にせず，まずは問題の概要とそれを維持している悪循環を整理してください。1〜2回で終えることができるケースもありますが，時には5回以上時間をかけて行なう必要があるケースもあるかもしれません。いずれにしても一番よくないのは，問題のおおよその全体像がみえていないのに，マニュアルに記載されている回数だけを気にして，とりえず一か八かで介入を始めてしまうことです。」

▶情報を整理し，介入方針の立案につなげていくコツ

初期の数回の面接を通して，以下の項目が整理できるように情報収集をしていきましょう。また，情報収集においては，クライエントの言語報告だけに頼るのではなく，必要に応じて，周囲の人（家族等）などからの聴取や，心理検査，あるいはセルフモニタリングシートなどを活用し，複合的な視点から問題の全体像を整理するようにしましょう。以下は，ケースフォーミュレーションの概要をまとめた報告書の例です。この例を参考にしながら，ケースフォーミュレーションのポイントを解説していきます。

【基本情報】 53歳　女性　専業主婦

【主　訴】 気分が落ち込む，何事にもやる気が起きなくて家事が滞る。夜寝つきが悪く怖い夢を見る。イライラしたり悲しくなったり自分の気持ちをうまくコントロールできずに家族に迷惑をかけてしまう。

【現病歴（問題の経過）】（前述を参照） ポイント1へ

【生育歴】 ポイント1へ 小中高時代は，それほど目立つほうではなかったが，明るい性格で友だちも多く，楽しく過ごせていた。短大英文科卒業後，商社に勤務。現在の夫と結婚して専業主婦。結婚後，娘の子育てが一段落した頃から，地域の子にボランティアで英会話を教えたり，翻訳のアルバイトを単発で行なうなど，活動的に過ごす生活であった。

【家族背景】 ポイント1へ 両親に可愛がられて育った。今から思えば甘え上手だった気がする。母親の看病もこれまでのご恩返しと思って一生懸命に取り組む。看病しながら母といろいろな昔話ができたことが，自分にとって大切な時間であったと思えている。

兄とは7歳離れているので，喧嘩などの記憶はあまりない。いつも心配してくれる優しい存在だった。互いの結婚後は盆正月に会う程度。特にもめごとはなかったが，義姉は苦手なタイプ。遺産のトラブル以前から，ストレートな物言いに傷つくことがあった。夫（2歳上）は，まじめでマイペース。厳しいことは言わないが，優しい言葉をかけてくれるタイプではない。娘（高校生）との関係は良好。高校に入ってからは友人関係が中心になり，親子の会話は減った。

【既往歴・受診歴（相談歴）】 ポイント2へ これまで大きな病気の経験なし。数年前から更年期障害で気分や体調の変化を多少感じることはあったが，特に受診していない。

【受診時の診断（あるいはセラピストによる診断的理解）】 ポイント2へ 主治医の診断では，DSM-IVの基準に基づいて，I軸：大うつ病性障害（初発）中等症，II軸：なし，III軸：なし，IV軸：兄夫婦とのトラブル，V軸：60，であった。

▶ポイント解説

ポイント1 現病歴は，主訴がいつ頃からどのような経緯で現在に至ったのかを時系列で聞いていきます。事実とそれに伴う感情体験やその出来事へのクライエントの思いなどを交えながら聞いていくとよいでしょう。また，主要な出来事やクライエントの様子については，「いつ」「どこで」「何が」「どのように」がクリアになるよう具体的に聞いていきます。クライエントのその場での様子が映像として浮かぶくらいに丁寧に情報収集しましょう。生育歴は，問題が生じるまでのクライエントの生活状態を把握し，問題発生の背景に関与している可能性があるクライエントの性格や脆弱性，発達的問題，トラウマ体験などを確認・整理していきます。また家族背景は問題に直接的に関与している場合とそうでない場合がありますが，症状の維持・増悪に一役かっている場合があるので，生活場面でクライエントが家族とどのような相互作用をもっているかは丁寧に聴取しましょう（たとえば，過剰な保護や支援がクライエントの自発的行動を阻害しているケースなど）。一方，セラピーを進めていく上で促進要因（ホームワークやエクスポージャーなどの課題を進めていく上でのサポート役など）としてキーパーソンになることも多いので，どのような家族支援がクライエントにとって機能的な関与になるのかも見極めていきましょう。

ポイント2 主訴に関連する症状や問題がこれまでにも経験されているかを確認するだけでなく，そのような症状や問題にどのような対応を行なってきたか（受診形態や相談の受け方，服薬の仕方など）を確認しましょう。そのことで，クライエントの行動様式や今後展開されるセラピーで気をつけるべき対応をおおよそ予測することができます。また，主訴に直接関係ない身体疾患等についても確認しましょう。それほど頻度が多いわけではありませんが，身体疾患のために服用している薬の副作用や，身体疾患に伴うホルモンバランス等の変化が不安やイライラ，気分の落ち込みに影響していることがあります。このような場合には，身体疾患の主治医との連携も考慮に入れる必要があります。さらに，医学的診断は各症状の構造的理解と基本的な対応方針，リスクマネジメントなどの観点から有益な情報を得ることができますので，医療機関で認知行動療法を実施する際にはクライエントの診断や病態の見立てについて主治医との情報交換を欠かさないようにしましょう。一方，受診歴がなく主治医がいない，あるいは医療機関外での相談活動であるために主治医との情報交換が困難な場合は，診断的理解として，DSM-IV や ICD-10 などを参考にしながらおおよその状態像を整理するようにしましょう。

【現症（現在の状態）】 ポイント3へ

★感情面：抑うつ感は多少の変動はあるがほぼ1日中，義姉からの電話やそれを連想させるきっかけ（「遺産」「姉」「電話」などの言葉，音，映像）によって，不安感やイライラ，怒りなどが生じる。その後，むなしさや哀しさが出てきて，気分がさらに落ち込む。義姉からの電話がなくても「かかってくるのではないか？」という気構えが常にあり，疲れてしまう。

★思考・認知面：「兄夫婦は何もしてこなかったのに……」「母が亡くなってから，いろんなものが壊れてしまった」「なんで自分ばかりが悲しい思いをしなければいけないのか」「ひとりぼっちだな……」「昔は優しい兄だったのに，義姉が兄を変えてしまった」「家族に迷惑をかけている。申し訳ない」「この先どうなってしまうのか」などの考えがよく浮かぶ。特に日中に家でボーっとしているときはこのようなことばかりを考えて，悶々としている。夜，家族が帰宅して家事をしているときは気がまぎれる。就寝時は眠剤を飲むようになってからは，比較的楽に眠れるようになった。

★行動面：家事が滞る。特に朝食作り，洗濯，掃除。夕食作りはかろうじて維持できている。家族が外出して1人になるとまったく何もやる気がしなくなり，ボーっと過ごしてしまう。人と会うのが煩わしくなり，買い物もどうしても必要なものがあるとき以外は行かない。特に気分のすぐれない日は，意味もなくテレビをつけて嫌なことをまぎらわせているが，そんな毎日が憂うつでたまらない。夫や娘のいる週末は促されて外食や買い物には行くことができる。多少は気分転換になるが，楽しめていないという印象。

【その他の関連情報】　妻の体調を心配して，夫が遺産問題の解決を弁護士に一任することを検討中。

【問題リスト】 ポイント4へ

・うつ病発症後も「義姉からの電話」というストレッサーに継続的にさらされている。
・兄夫婦との関係性が破綻し，クライエント自身も遺産問題を処理していく気力や具体策が枯渇しているにもかかわらず，遺産問題の解決の矢面に立たされている。
・日中の活動性が低下しており，そのことでネガティブな思考の反すうが生じやすい状況になっている。また，活動が抑制されることで日常生活におけるポジティブな体験を得る機会が極端に減少している。
・家族のサポートが十分に得られておらず，孤立感が強まっている。

ポイント3 クライエントが訴える主訴は，必ずしも「現在」の状態を的確に表現しているわけではないことがあります。また，主治医の診断やカルテ等に記載された症状も初診時の情報であり，相談に来た時点での状態像とはズレが生じていることも少なくありません。現在の症状を気分・感情面，思考・認知面，行動面から詳細に聴取しましょう。この際，「状況」—「症状」—「その後の展開」の関係性が明確になるようにします。また，「気分・感情面」—「思考・認知面」—「行動面」がお互いどのように影響し合っているかを整理しましょう。多くの場合，悪循環を形成していることが多く，その悪循環を断ち切ることがセラピーのメインテーマになることがほとんどです。

ポイント4 問題リストでは症状の維持・増悪に関与していると思われる要因や悪循環を列挙していきます。いわば，介入を行なう際の標的に関する「臨床仮説」リストといえるでしょう。主要な症状が生じるきっかけは何か，生じないときと何が違うのか，症状が維持されてしまうのはなぜか，それに関与している要因は何かなどについて，クライエントの生活場面における行動分析を丁寧に行ないながら整理していきましょう。なお，この際に重要なことは，クライエントの「性格」や「環境」といった広くて漠然とした概念で包括的に仮説を立てるのではなく，現症のところで整理した「状況」—「症状」—「その後の展開」という現実場面で生じている具体的な現象を素材にして記述していくことです。

ミニミニコラム：CBTへの動機を高める

日本人のメンタリティーを浮き彫りにした，こんな小話をご存じでしょうか。

> 多国籍の客を乗せた豪華客船の沈没が避けられない状況になった。成人男性客に協力を求めるために有効な言葉かけは何か。米国人には「ヒーローになれますよ」，英国人には「紳士になれますよ」，イタリア人には「女性にモテますよ」，ドイツ人には「これがルールですから」が効果的だという。では日本人男性には何と言えばよいか，が問題。答えは「皆さん，こうされてますけど……」。

良いか悪いかは別として，目の前の1人の専門家の意見よりも，同じ境遇にある多数の一般の人の動向が気になり，それに影響されやすい心理は根強いものです。そこで，本文中でも引用した「患者さん向けのCBT解説書」に加え，CBTにより改善された人の体験記などを，新聞や雑誌，市民向けテレビ番組やインターネットサイト（当事者の人々が作成されているものがベター）等を紹介し，クライエントに自ら情報を取り込んでもらうことは，動機づけにかなり有効な方法です。

テクニック1の3　ケースフォーミュレーションのコツ

【認知行動論的理解】 ポイント5へ ▷ 兄夫婦とのトラブルを契機に強い対人関係ストレスにさらされており，そのことが心身の疲弊を生じさせている。うつ病発症後も基本的には状況に変化はなく，疲弊した状態であるにもかかわらず義姉からの電話や遺産問題解決の負荷がクライエントに集中しており，ストレス反応を引き起こす状況が生活場面に散見される。十分な休養ができる状態ではなく，薬物療法の効果も限定的なものになっている。

　また，閉じこもりがちの生活や活動抑制は，一時的には嫌悪的な感情体験を軽減することに役立っているが，生活の中でのポジティブな体験を得る機会を減少させてしまっているとともに，ネガティブイベントの反すうを促進する状況を作り出すという悪循環になっている。さらに，家族からの情緒的サポートが得られていない状況もあり，クライエント自身の自己肯定感を回復する手がかりが生活環境に枯渇している。

【想定される介入ターゲットと方針】 ポイント6へ ▷
・遺産問題にかかわるストレスの軽減
・生活状態の改善と自発的行動の活性化
・活動抑制とネガティブな思考を反すうしてしまう悪循環からの脱却
・生活場面におけるポジティブな体験の醸成と情緒的サポートの拡充

ポイント5 問題リストが個別の状況における悪循環分析だとすれば，認知行動論的理解は，クライエントの生活全般の悪循環分析といえます。すなわち，個別の悪循環は，互いに関連しながらクライエントの生活全般における大きな悪循環を形成し，クライエントに不全感をもたらしています。この引いた視点での全体的理解を行なうことで，どのようなポイントに対してどのような介入が可能であり，その介入がその他の状況にどのような波及効果をもたらすのかをある程度予測することができるとともに，それらの介入を行なう際に，どのような準備や支援を行なえばうまく展開するかのアイデアも得ることができます。

ポイント6 問題リストと認知行動論的理解の情報をもとに介入計画を立てていきます。その際，「本質的な問題」をピンポイントで解決していこうとするのではなく，「変化を引き起こしやすいポイントは何か」「本人が取り組みやすいテーマは何か」「改善を実感しやすい課題はどのようなものか」など，いくつかのターゲットに関して実現可能なプランを立てていくことがスムーズな導入のコツといえるでしょう。

▶ このケースのその後の展開

まず，環境整備として，夫から提案のあったように弁護士にお願いして，遺産問題の交渉からクライエントが離れることができるようにした。その上で，活動記録を活用した日常生活の立て直しと行動活性化療法を導入した。その際，夫と娘にも協力してもらい，クライエントが行なう家事にさりげなく感謝や喜びの声をかけることや，外出するきっかけづくりをしてもらうことにした。また，ネガティブな思考の反すうには，コラム法を用いた認知再構成法を導入して，遺産問題からこころを離してみることの大切さや，日々の活動に伴う小さな達成感や喜びを実感できるようにしていった。その結果，約3か月のセラピーで症状はおおむね改善したため，継続的な面接は終結し，その後半年間のフォローアップを行なった。

・・・・・・・・・・・・・・・・・共著者からみた「ここがいいね！」

　ポイント1にあるとおり，家族とのやりとりをうかがうことが大切な事例は少なくありません。症状レベルでは決して重くないのに，なかなか「あってもよさそうな自然治癒」が得られていない，という場合は要注意です。家族の中のやりとりって，健康か不健康かにかかわらず，そのほとんどが「無意識」ですからね。ちょっとしたやりとりについても，「○○さんのお宅ではそんなやりとりがわりと多いんですかね」と，良いとも悪いとも決めつけずにつっこめるといいですね。鈴木さんは，若い頃からそういうコミュニケーションがとても上手でした。お力のあるCBTセラピストには，「さらっと聞けちゃう」が普段から上手な人が多いようです。

　ポイント2で，身体疾患についてうかがっているのも，コツかもしれません。クライエントとしては口にしやすい話題ですし，医師（主治医）と心理面接担当者のコミュニケーションもスムースになりやすいですよね。ポイント4では，もうそのまま介入の戦略につながるような整理になっています。ストレス因が多く快が少ない，「心の債務超過」が続いた生活状況であることがよくわかります。「変化を起こしやすいポイントから」かかわるためには，最初のうちは「ストレス因」の確認でおさえておく。いきなり「距離をうまくとれないAさん」などとラベリングして，そこを介入ターゲットにしたりしないこと。遠からず「距離をとれない」というスキル不足には介入していくことになるかもしれませんが，最初からクライエントの課題を「大きく・固定的なもの」へしない配慮が効いていると感じました。

　ところで，「ケースフォーミュレーション」という言葉が流行ってきて，そのわずかな弊害かと感じるのですが，上述の「早々とラベリング」し，それを「あなたの課題です」などとつきつけ，クライエントを戸惑わせてしまうケース報告が増えている懸念をあちこちで感じます。

・・・・・・・・・・・・・・・・・・・・・・・・・・・・・・・・・・・・

テクニック 1の4　心理教育を通して自己理解を深めるコツ

基本のおさらい

①強迫性障害とは

強迫性障害が，強迫観念と強迫行為からなる症状であることはよく知られているとおりです。一部に，強迫観念あるいは強迫行為を具体的にとらえることが困難なタイプも含まれます。しかしできるだけ，両者をセットとして把握できるようになることが，この障害の心理教育の第一歩です。

強迫観念は，「このままでは大変なことになる！　その前になんとか手をうたないと！」という衝動を喚起します。テクニック1の1に説明があるパニック障害の「このままではたいへんだから途中下車してしまう」の心理と似ています。強迫性障害における「衝動」には，表1-4-1のようなバリエーションがあります。

表1-4-1　強迫性障害における「衝動」のタイプ

- 汚れや感染（自身が汚れ感染すること，あるいはそれらを広げてしまうこと）
- 確認の失敗（自分のミスや「至らなさ」で大いに後悔する結果になること）
- 秩序の不徹底（身の回りのモノが「気の治まる」状態にないこと）
- 不敬や穢し（畏敬すべき対象に貶める考えを浮かべたり行為をすること）
- 財産や記録の喪失（紛失により後で大いに悔いる結果になること）
- 意識の制御困難（ある対象へのとらわれが制御不能に陥ること）

パニック障害の人によくある「命を落とすかのような恐怖」ではなく，むしろ「このままこの不快さを抱えていることはできない」という「嫌悪からの逃れ」のニュアンスが強いようです。しかし，「なんとかしたい」という衝動の強さでは決して引けをとりません。

②強迫性障害の心理教育のステップ

表1-4-2に,強迫性障害の心理教育(本人および家族など身近な支援者)の9ステップを示しました。細かな記述ですが,おおよそこの内容について納得いただけると,エクスポージャーと儀式妨害(以下では,ERP:exposure & ritual preventionと表記)に展開していきやすくなりますし,せっかく手に入れた改善効果を維持しやすくなります。

表1-4-2　ERPを導入するための心理教育の9ステップ

①強迫観念と強迫行為があり互いに密接な関係("鶏"と"卵")にあること
②強迫観念も強迫行為も非合理な"本人なりのルール"によるものであること
③強迫観念と強迫行為の悪循環に気づくこと
④強迫観念は,これを「追い払おうとする努力」により増強すること
⑤強迫観念の根絶は不可能で強迫行為の軽減に焦点をあてるべきであること
⑥回避観念と衝動は放置しておけば必ず「自然乾燥」していくものであること
⑦回避衝動が求める行為や頭の働かせ方は「自然乾燥」の経験を邪魔すること
⑧時間をかけ回避衝動を「自然乾燥」させる訓練がエクスポージャーであること
⑨改善が得られた後もできるだけ「自然乾燥」の多い生活を心がけること

＊①～③は強迫観念と強迫行為について,④～⑥は強迫観念の扱い方について,⑦～⑨は衝動の「自然乾燥」とそのためのエクスポージャーについて,それぞれポイントとなることを解説している。

▶ケースの概要:加害強迫の場合

【症　例】　F夫さん,高校教員36歳,独身。小さい頃から友人も多く活動的である反面,細かなことを気にしやすいところもあった。中学校の頃には,カバン,筆箱に入れた文具で誰かに怪我をさせてしまっていないか,など,余計な心配を浮かべることがよくあった。自分の唾液や血液,精液についても気になり,その都度,(F夫さん本人が言うところの)「ばかげた手間」をかけていた。高校や大学では,おおむね,体液関係については安心できるようになり,学生生活も標準的に楽しめ,人並みに恋愛やお付き合いしていた人との性的関係も経験できるようになった。ただし,たとえば友人の部屋に遊びにいく,車に乗せてもらう,大学の指導教官の研究室に伺う,といったときに,その相手を怪我させたり,困らせたりするような何かを持ち込んで置いたままにしていないか,事故や家事が起こるようないたずら,落とし物をしてきたのではないか,あるいは何か大切なものを持ち帰ってしまっていないかが,気になるようになった。余計な時間をかけたり,嘘をついてそのような機会を避けようとしてしまったりすることがあった。

【家　族】　父親(元教員),母親(専業主婦),との3人暮らしで,10年前に嫁い

で家を出た妹（4歳年下）がいる。父親がやや神経質。特記すべき事情はなし。

【問題歴と現在の状態像】 採用試験に合格するまでの2年間の講師時代を含め，教員になってから，遠距離の通勤も増え，仕事も忙しいことが多く，ストレスが増えた。20代の後半から，車でふと誰かを事故に巻き込んでいないかが気になってきた。かえって危ないとは思うが，ルームミラーで後方を確認しながらの運転が多くなり，それでも安心が得られないと，同じ道路を2，3回運転し直すことも多くなってきた。

この他，校長室，保健室，相談室など「やや特別なスペース」に入るときに，何か可燃性のもの，毒性ともみなせるもの，怪我をしかねないもの，指導している生徒の個人情報に関するもの，などを残してきてしまうのではないか，ということが頭に浮かぶようになった。その結果，できるだけ，それらの部屋に入らない，入っても椅子に座らない，入るときは入念に「身体検査」をした上でトイレの鏡で確認してから，という儀式があたりまえになり，ますます時間がとられるようになってきた。頻繁ではないが生徒の自宅への家庭訪問などでは，確認に気をとられるあまり，ほとんど仕事の要件が頭に残らないこともあった。

職場で多数の住所に案内を封筒につめて宛名シールを貼り投函する仕事があったときは，封筒の中に何か危険なものを同封してしまうのではないかと気になり，自分のデスクで作業ができず，夜遅くまで残って大きな机がある特別教室で作業をした。最近では，気になる作業をするときに，その経過をデジタルカメラや携帯電話で撮影し，それらをパソコンで整理する行為も習慣になり，ますます，仕事の効率が落ちてきた。体調も悪く，退職のことを考えしまい，眠りも浅くなり，うつ病状態に陥ったため心療内科を受診。そこで初めて，強迫性障害であるとの診断を受けた。

▶"自分ルール"による困難であることに気づいてもらうコツ

> 洗う，確認する，繰り返す，……。これらがすべて，"本人なりのルール"によるものであることに気づくことで，症状に自分から立ち向かっていること（コントロールできるかも，という希望を抱くこと）への前向きさがわいてきます。本人なりのルールであることに気づくとは，「ここまではこうしなきゃ」，「ここからはこうしなくてよい」という一線を引いているのは，実は自分だった，ということを洞察することです。

　F夫さんは，初めて強迫性障害であるとの診断を受けてすぐ，ネット，書籍などで「猛勉強」を始めました。そして，主治医のすすめもあり，サイコセラピーを受けることになりました。強迫性障害が観念と儀式的行為からなっていること，自分の症状が「加害強迫」中心であることなどの理解はすでに十分でした。しかし，エクスポージャーについては，なかなか自分一人で実践する勇気がわかず，しかも，加害強迫の場合，どのように進めたらよいか，思いつけないままでした。ひと通り症状と経過，生活状況，などについてうかがった初回面接に続く2回目面接で，次のようなやりとりとなりました。

Cl：朝の通勤も，たいへんです。実は今朝も，出勤の途中である大きな交差点で，その交差点にさしかかるところで道路が少し陥没しており，いつもそこで車体が少し揺れるんですが。今朝は，その交差点にさしかかるさらに手前で，高校生3人くらいが左側の歩道を歩いていまして，それで何かが生じたのではないか，それで車体が揺れたような気がして。

Th：なるほど，それはちょっと詳しくうかがいたいお話ですね（Th 少し身を乗り出す）。 ポイント1へ

Cl：実は，恥ずかしながらよくあることなのですが，歩道を歩く人が目に入ったため，いつもの交差点直前の車体の揺れについていつもより強く嫌な感じになりまして，あわてて，ルームミラーを見て後方を確認しました。

Th：つまり，その高校生を轢いた，ひっかけたような気がした，ということですよね。 ポイント2へ

▶ポイント解説

　2つの，よくある「まずい」パターンに注意しましょう。1つは，「語られた症状の奇妙さをセラピストが受け止めきれず，詳細な情報を得るチャンスを逃す」ことです。経験の浅いセラピストにありがちです。F夫さんの例だと，その状況から「接触など起こりえない」にもかかわらず，かえって危険な，必要以上にルームミラーで後方確認しながら運転してしまうことの奇妙さです。

　もう1つは上記と対局的で，臨床経験の豊富なセラピストにみられます。最初から「ああ，それも典型的な強迫（の症状）ですね」と軽く受け，カテゴライズしてしまう。そのため，クライエントの強迫体験を詳しく聴くチャンスを逃してしまうパターンです。すべての症状を1つひとつ掘り下げて聴いていたらきりがない，というのも事実ですが，少なくとも，生活の中で「困り感」が大きいこと，ある生活領域について初めて聴くエピソードでは，「興味深いのでぜひ詳しくうかがいたい」の姿勢を示し，情報を集めたいものです。

ポイント1　最近の，症状に関連した具体的なエピソードを，身を乗り出すようにうかがいます。セラピストの終始一貫して落ち着き払った態度は，クライエントに「こんな細かな話まで（セラピストは）関心ないだろう」あるいは「そこまで言わなくても（セラピストなら）お見通しであろう」といった気持ちを引き起こしまうこともあり，マイナスです。

ポイント2　強迫性障害をはじめとして，不安障害のクライエントの中には相当の割合で，より強く怖れていること，嫌悪を感じていることを，無意識のうちに「詳しく言葉にしない」という人がいます。そのため，肝心のところで，表現が曖昧になってしまうことが少なくありません。「言い難さ」を「察して」スルーするのではなく，あえて「それはつまり，○○であることが気になった，ということですね」というように，具体的に表現していくとよいでしょう。そのような，あえてはっきり言葉にするということが，クライエントにとって後のエクスポージャーに向けての「心の準備」になるようです。

Cl：まあ，そういうことです。でも，実際にはあり得ないってわかるんです，道路の道幅の余裕と走行スピードの関係からして。わかってはいるんですが。

Th：頭では「大丈夫」ってわかっているけど，どうも気持ちがよくない，ですよね。それで，ミラーでチェックした。そして，高校生3人組は，無事歩いていた。

Cl：それが，その，見えませんでした。ミラーでは，確認しきれませんでした。

Th：おやおや，それは怖いですよね。不安になりますよね。せっかく確認したのに。じゃあ，今朝も，どこかでターンして，その交差点をもう一度，通過したのですか。 ポイント3へ

Cl：いや，遅刻しかねないほど，時間がなかったもので。

Th：えっ，高校生を轢いたかもしれない，ミラーで確認できなかった，というのに，そのまま職場に向かったのですか。 ポイント4へ

Cl：ええ，遅刻はまずいので。おそらく，これが朝でなく帰宅時であったら，間違いなく，交差点に戻って通過し直しを繰り返したと思います。近くで車を駐車して，交差点まで歩いて確認したかもしれません。

Th：朝だと，遅刻するかも，だから繰り返ししない。でも帰宅途中だと，時間があるから繰り返す，って。ちょっと言い方が悪いかもしれませんが，かなり「都合のよい」判断をされているところもあるようですね。あっ，この表現に気を悪くされたら許してくださいね。（笑） ポイント5へ

Cl：そっ，そうですね。すみません。

Th：いやいや，謝る必要はないです。というか，それが普通です。強迫性障害を抱えつつも，皆さんそういうご都合主義的なところはおもちです。あって当然です。ないと生活破綻します。 ポイント6へ ただ，そこを確認させていただきたかったのです。いじわるを言って，こちらこそ，失礼しました。

Cl：いや，大丈夫です。でも，言われてみれば，そうですよね。生活の，いろんなところ，都合よくしています。あることにはしつこく確認するのに，別のところではここは大丈夫，ってしたり。

ポイント3 クライエントの動きをある程度予測して,「…をしたりしませんでしたか」,「…などしてしまう方も少なくありませんが,いかがでしたか」と質問してみるのもよいでしょう。返ってくる答えが「そうなんです,そうしてしまいました」あるいは,「いえ,そのときはそうしないでなんとかできました」のいずれでも,詳しい情報が入手できます。その追加情報から,さらに詳しい質問に展開できます。「似たようなことがたくさんありそうですね」とか,「おや,そのときに,○○しないですますことができたのはどうしてでしょう」(例外探し)といった質問です。

ポイント4 ポイント1と同じですが,このような驚きの感情も含めながらうかがっていきます。クライエントがより詳細な話を遠慮せずできるのだ,と安心を得ていただくこともできます。一般に,不安障害の人は,「話したがり」なのに,「遠慮しがち」の傾向にあります。

ポイント5 時には,クライエントのタイプ,個性,短いながらも構築されつつある治療の関係性などを見極めた上で,ポイントになるところを,ズバッと指摘してみましょう。このようなやりとりが,クライエントの中に強い印象として残り,それが影響し,来談意欲の向上,ホームワークへの積極的な取り組みなどにつながります。このテクニックのポイントにかかわることですが,「○○が気になるから○○せざるを得ない」というような強迫性障害から支配されているといったとらえ方から脱出し,「○○を気にするあまり,『○○まではオッケーだけど,○○からはダメ』という線引きを"自分から"してしまっている」という理解へと変換されるとよいでしょう。たしかに,すべての強迫性障害のクライエントに使える手ではありません。しかし,前向きさを発揮する準備ができているクライエントには,それを積極的に活かすテクニックを提供して,改善へのきっかけを貪欲に呼び込むべきです。

ポイント6 少し突っ込んだ指摘の後は,軽くでもよいので,フォローしておきましょう。「これだけの症状に苦しめてこられたのだから,こうしてしまうのもやむを得ません」とか,「強迫性障害の方には,よくあることですよ」といった表現が便利でしょうか。いわゆる,ノーマライズです。

Th：手が回るから確認する，どうしても手が回らないことは，これでいいやってことにしていること，他にもありますか。 ポイント7へ あるクライエントさんの話ですが，その方は他人の体液に触れることをとても恐れて，マスク，手袋がないと電車にも乗れない，というのに，なんと，スキューバダイビングが趣味で，レンタルの酸素ボンベを口にして平気でした。ここは大丈夫，っていうように頭の中で切り替えている，ということでしたが。 ポイント8へ

Cl：そういう方がいるんですか…。土日，仕事でないときも，時間が許されると確認しますし，どうしてもこれ以上遅れることができない，というときは，ぐるぐる巡回してしまいます。

Th：いろいろなところで，自分で判断しているんですよね，これは大丈夫，ここは大丈夫でないから，これこれをしなきゃダメ，って。それを強迫性障害の方の「本人なりルール」と呼んだりします。この言葉は私の勝手な命名ですから，どの本にも書いてありませんけど。つまり，線引きです。自分で，一線を引いて，この線までは大丈夫，この線を越えたらダメ，っていうように。あるいは，何回までの確認は必要，4回以上は必要ない，とか。どこかでそういう線を引かないと，強迫性障害の方は，生活を前に進めることできませんよね。

Cl：本当にそうです。職場で，ある部屋，教室に入って用をすませて出るときも，他の職員がいなくて写真を撮ることができるときはそうするが，できないときは，しかたないので自分で身体検査をして大丈夫，と言い聞かせをしています。

Th：なるほど，場合に分けて，ルールをつくって，お仕事への影響が最低限度になるようにされておられるんですね。ところで，今朝の話ですが，ちょっと詳しくうかがってもよろしいでしょうか。

Cl：はい。

Th：今朝みたいに，気持ち悪かった交差点について，その後何か，やらなくてもいいようなことをしませんでしたか。たとえば，こちら（相談室）に来られるまでにそこをわざわざ通過したとか。 ポイント9へ

| ポイント7 | 「強迫観念から強迫行為」，あるいは，「Ａという強迫行為をとることが難しいから，かわりにＢという強迫行為」というようなある対処のパターンをとらえることができたら，すかさず，「同じようなことは他にありますか」と確認しておきましょう。それによって，クライエントの自己理解が深まります。ただし，話がそれないよう，コントロールしながら。 |

| ポイント8 | 似た行動パターンを持っていた他のクライエントのエピソードを紹介するのも，よい方法です。もちろん，守秘義務に配慮した上で。多少脚色を加えても，許されるでしょう。 |

| ポイント9 | この事例の場合ほど，一気に進める必要は必ずしもないのですが，無理にならない範囲で，少し疑い深く，「ありがちな安全確保」のエピソードを探り，積極的に拾い集めてください。このような「ねちっこさ」と「明るさ」がうまく調合された面接が，より改善を確実とし再発リスクを小さくします。 |

ミニミニコラム：OCD クライエントさんの奇妙な自分ルール

【例その1】「ある不吉な考えが浮かんだときに行なっていた動作を，その場で3回繰り返すとその考えは"実現"しない」というルール。驚くべきは，クライエント本人は，それで不吉な出来事の発生を防ぐことができているなどとは，「まったく信じていない」ということでした。にもかかわらず，誰かに教わったことでもなく，根拠もないまま，あるとき頭にふと浮かんで以来ずっと続けてしまっている，というのです。面接中も，しばしば，同じ表現を3回繰り返しされました。

→ さまざまなシチュエーションで，決して「繰り返さず」，「不吉なことを浮かべ続ける（追い払おうとしない）」訓練を継続し，寛解されました。その後も，時どき似たような症状が出現しかけてくるそうですが，これと同じ工夫をとっておられるそうです。

【例その2】「家の中にあるすべての品物を，ある3回の大事件のそれぞれについて，どの時期に購入ないし持ち込んだものかで，4類に徹底的に区別しながら生活を続けていく」というルール。大事件といっても，本人にとっての"聖域"である自室の一部が汚されるトラブルのことで，あくまで本人の主観評価にすぎず，一般にはままあることでした。「4類のいずれにあたるか」で，触れた後の洗浄と確認のやり方は，それぞれ別でなければならない。もちろん，これらに意味がないことは理解されていました。

→ まず他の過剰な洗浄，確認を改善，半年後に，本人の自宅で，"段階的聖域区分"を解除する"整理崩し"を敢行。その後，「生活しやすくなった，別のことにエネルギーを使いたくなってきた」と引きこもりが解消されました。

Cl ：いや，実はそうしたかったのですが，方向が逆で，時間がなかったもので。でも……。
Th ：でも，なんでしょうか。
Cl ：実は職場で，恥ずかしいことに勤務中だったのですが，いくつかのサイトで，その交差点での交通事故，ひき逃げ事故が連絡されていないかどうか，調べてしまいました。
Th ：なーるほど。やりますねぇ。（笑） ポイント10へ
Cl ：自分には，せこいところがあって。そういうサイトをいくつか，パソコンやスマホで「お気に入り」に設定してあって，調べやすくしているのです。
Th ：いろいろ，工夫されてこられましたね。F夫さんは，工夫の力がすごく高い。これからは，強迫性障害というやっかいな症状を軽く小さくしていくのに都合よい工夫という方向で，選んでいければいいですね。 ポイント11へ

このケースのその後の展開

　さまざまな儀式的確認を，状況に応じて工夫されてきたF夫さん。理解力が高く，比較的早い段階で，安心を得るためのさまざまな試みを明らかにしていくことができた。その後，表1-4-2の9ステップの理解も順調に進んだ。「強迫性障害を自宅で治そう！」（E. Foa著，voice社，2001）や，「強迫性障害の治療ガイド」（飯倉康郎，二瓶社，1999）などをすでによく読んでおられたこともあり，①職場の教室への出入りに伴う確認の行為を徹底的に減らすこと，②車の運転の確認を極力やめること，できる限りルームミラーをズラして運転してみること，あえて人通りの多い狭い道を夜間運転してみること，などのホームワークは比較的順調に進んだ。

　認知行動療法開始時には25点を超えていたY-BOCS（Yale-Brown Obsessive-Compulsive Scale）が，5か月後には10点未満に減少した。さらに，「カッターナイフの刃や画鋲等をたくさん置いたテーブルの上で多数の封筒に書類を入れ投函する」といった，やや過激なエクスポージャーを計画して実行するなどして，自信を深めることもできたところで，終結となった。2年後も順調である。

ポイント10 「ばつが悪い」といった恥の気持ちとともにクライエントが告白してくれた情報には，「感心しましたぁ」などと，セラピスト側がさらにワンダウンして（腰を低めて）返してあげましょう。

ポイント11 できれば，「今までのやり方は根本から間違っていた，これからは正しいやり方でやりましょう」というニュアンスは薄めたいものです。「これまでのやり方に，ちょっと新しい視点を入れて，進めていけたらいいのですが」という伝え方がよいでしょう。くれぐれも，「それまでのクライエントのやり方への敬意」を込めて。

コラム4　困った癖の治し方：習慣逆転法

　爪かみや指しゃぶり，抜毛癖，そのほか身体部位を必要以上にいじり，身体に望ましくない影響を残してしまう，あるいはチック（鼻や喉を鳴らす，声をあげる，首や肩を動かす）など，集団適応の悪化を招きやすい習癖の問題があります。一般に子どもに多いのですが，一部の成人にも残存が認められます。無意識とは言いますが，実際には癖の出現の直前になんらかの衝動の高まりがあり，それは本人が自覚できるものです。癖の出現に先行する衝動が，癖となっているある行為の実行によって解消され，それが報酬（負の強化）となって維持されるメカニズムと説明されます。

　このような場合，CBTでは，「習慣逆転法（habit reversal）」を中心とした介入がよく用いられます。以下に，その介入のポイントを，保護者や身近な支援者への紹介としてまとめてみました。

＜前提として理解すべきこと・準備すべきこと＞
- 困った癖は，愛情不足や深層心理など抽象的なレベルでの「心の問題」ではなく，なんらかのきっかけで強固に身についてしまった「行動の問題」であると考えてみます。学術的根拠もなく「無意識」，「幼少時のトラウマ」などに起源がある障害と決めつけることは，倫理的にも問題があります（残念ながら，学術的根拠のない育児指南書，心の問題の解説本は，世に多いものです。特に子どもの癖は，安易に主たる養育者のせいにされがちです）。
- 発達段階をよく考慮して，介入計画，目標を立てます。例えば，1歳の子が指しゃぶりしても，よほど激しいものでなければ問題視する必要はありません。
- 癖を持続させている身体医学的疾患（皮膚のかゆみなど），環境側の要因（アレルギーなど）があれば，まずはその対応から進めましょう。いずれにせよ，1度は医療機関で診察を受けておくとよいでしょう。
- 念のため，その癖が持続していることにより，本人が何らかのメリットを受けている状況がないか，点検してみましょう。もしあれば，それへの対応（癖がなくともメリットを受けることができる状況への調整が望ましい）を優先させましょう。

＜「習慣逆転法」の3本柱とそのねらい，手続きについて＞
①本人の「癖」とその「前兆」へ意識づけが高まるように支援する。
- 癖が出現しやすい場所，時刻，その直前直後の出来事，変化などをなるべく客観的にとらえ，それを本人と一緒に確認します。できれば，癖が出現する直前の，本人にしか実感できないムズムズ，イライラといった「衝動」を本人がキャッチできるようにしたいものです。"叱る"ではなく，刺激の少ない穏やかな方法で気づかせてあげられるとよいでしょう。
- 癖の出現に対して，嫌悪的な働きかけでかかわることはしっかり制限しましょう。叱る，耳に不快な言い方，痛みを伴う罰を与えるは長期的にはマイナスです。何より，これらによって身近な支援者と本人の関係が悪化するのは，あらゆる支援的働きかけが嫌悪的になりますので望ましくありません。

②「拮抗動作」と「代替動作」を創意工夫する。
- 「拮抗動作」とは，癖の動作と同時に行なえない動作のことです。手や指で行なってしまう癖であれば，手を握りしめる，腕の間やポケットに挟み込んでしまうなどです。
- 「代替動作」とは，癖がもたらす感覚と同じあるいは似た感覚を残すような動作のことです。身体部位をいじる代わりに，何か物をいじるようにすることなどです。
- 物理的に癖が出現しにくくしておく工夫も有効です。例えば，頭髪の抜毛の癖であれば，それが出現しやすい時間帯にバンダナを巻いておく，などです。

③癖をとらえ減らすための手続きへの動機づけを維持する工夫も考案する。
- ある手続きが，たとえ完璧に癖を押さえ込んではいなくとも着実に成果を上げつつあるのであれば，それを具体的にとらえ（できれば，物理的手法で，すなわち写真をとる，長さ・重さを測るなど），それを本人と周囲が確認しやすくし（カレンダーへの書き込みなど），褒める，喜ぶという働きかけをとりやすくしましょう。
- 本人のがんばり，身近な支援者のがんばりが報われる状況づくりを工夫しましょう。

●●●●●●●●●●●●●● **共著者からみた「ここがいいね！」**

　しっかりデータをとって統計的に検証したことはありませんが，強迫性障害で苦労されている人の中には，このケースの方のような教員，あるいは公務員，銀行員，経理関係の方など，社会からなんとなく「清廉潔白」を求められる職種の方が多いように思われます。そのような実直な人がそういう職種を選びやすいのか，そのような業務上のプレッシャーが日常行為に影響を及ぼしているのかは，いろいろ検討が必要かもしれませんが，強迫性障害の病理に関する研究では，「責任を強く感じやすい傾向」が症状の維持・増悪に影響しているようです。この方も，「周囲の人への迷惑」，「個人情報の管理」，「事故や事件の加害者」などなど社会的責任からくる緊張感を背景に多くの儀式行動が習慣化しています。このようながんじがらめの生活について，「極端すぎませんか？」というような真っ向勝負を挑んでも，多くの場合，セラピーはうまくいきません。なぜなら，ご本人の中では，個人的にも社会的に理にかなった大切な規範だからです。この点を神村さんは，"頭では「大丈夫」ってわかっているけど，どうも気持ちがよくない，ですよね。……"と上手に受け止めながら，話を進めていき，結果として，本人の「鉄壁なはずの規範」の中にある「矛盾」を見つけ出して，テクニック5にあるように，なんだか変ですよね〜というメッセージを遠慮なく突きつけていますね。導入期に，こういう「まいりました」という展開をいくつか作っていくことで，症状の悪循環への理解が深まっていきますね。ちなみに，テクニック6にあるように，「やりこめる」のではなく，その矛盾に気づけたことが収穫であることを強調する雰囲気を作り出していきつつ，さらにその矛盾の中に隠れている「線引きルール」に話を展開していくところも，神村さんらしい「うまい」ところだと感じました。

●●

第2部

介入技法編

テクニック2の1 不安場面に段階的に慣らしていくコツ
――不登校（小・中）への漸次接近法のコツ

基本のおさらい

①不登校，子どもの学校（集団）不適応

　不登校状態にもさまざまなタイプがあります。児童生徒の多くは，学校や教室という場に対し強い不安を抱いています。

　学校や子ども集団側にもはや怖れるべき状況がなくなったことを伝えられても，登校を避けるまでに高まった不安は，当の子どもの心の中ではなかなか解消されません。しばしば，友だちとの交流が途切れ，学習も遅れがちになり，これらから生じる焦りあるいは怒りや落ち込みがさらに状況を困難にし，ついには，本人の深刻な自尊心の低下，本人と一部家族の精神的健康，長期にわたる生活の質の低下をもたらします。

　不登校の改善・解消の目標には，再登校の達成のみならず，将来の「ひきこもり」の未然防止も視野に入れるべきです。不登校の児童生徒がそのまま成人過ぎまで自宅に引きこもり続ける事例もわずかですが認められます。しかし，一定期間の不登校経験は，将来の不登校（大学まで）の再発，さまざまな心理的不調のリスクを高めている可能性があります。

　再び学校へ通いたいという気持ちがある一方で，どうしても学校という場面を避けてしまう衝動（回避衝動）を調整できない状態にあるお子さんへの認知行動療法的援助は，教育相談，スクールカウンセリング活動において重要な役割を果たしています。

②漸次接近法について

　連日自宅に引きこもっていた子が，教師や相談員との，家庭訪問等による接触を受け入れ，それが緊張でなく楽しみにつながる。そして徐々に，適応指導教室等の

「居場所」への接近が可能になる，そこを足がかりに教室へ入れるようになる，という展開は，不登校について最もよくある改善・解消のパターンです。

このような変化の多くは，必ずしも認知行動療法の専門でもない，ごく一般の教職員の方々による，地道でかつ常識的な支援の継続によって達成されています。その，地道かつ常識的な手続きこそが，この章で扱う「漸次接近法」です。その基本手続きは，表2-1-1のとおりです。

表2-1-1　漸次接近法の基本手続き

①安心安全が得られる状況（一般には自宅）をスタート地点と設定する。
②最も回避衝動が強い（他の児童生徒とともに教室で過ごす）場面を確認する。
③不安が徐々に高まるよう①と②の間の段階をスモールステップとする。
④スタート地点から回避衝動のピークの状況に向けた接近行動を繰り返す。
⑤接近行動をとりやすくする。回避衝動緩和の手がかりを提供する。
⑥これら接近行動が即時強化されるよう工夫する。
⑦順調なら，徐々に回避衝動緩和のための手がかりを撤去していく。

漸次接近法は，オペラント条件づけのメカニズムを基礎としています。しかし我が国では，不登校，登園拒否の子どもへの心理的介入技法として，ある場面への過剰な不安と回避の変容を目的とした，段階的な現実エクスポージャーを指すことが多いようです。つまり，本章で紹介する技法は，オペラント技法の1つでもあり，かつ，現実刺激を用いた段階的エクスポージャーである，ことになります。

現実場面を用いたエクスポージャーですから，スモールステップにするとしても，短時間（数秒，数十秒）のエクスポージャーでは，かえって怖いという印象だけが残ります。1つひとつのステップで，できるだけ数分（表情が硬そうで，回避の衝動が強く残っているようであれば10分程度以上），1つの場面に踏みとどまります。その場にとどまったままでも不安が「落ち着く」のを感じてもらうことが大切です。

エクスポージャーの意味，狙いを本人が理解・納得できないまま支援を受ける場合が多くなりますが，直面のペースが無理にならないこと，不安や回避の衝動をうまく解消するような働きかけを含めておくことが求められます。子どもが，接近しその場に留まりやすくなるよう，不安緩和，回避衝動の中和のための刺激，つまり不安拮抗反応を引き出すようなかかわりや準備が提供される必要があります。安心を提供できる親や教職員の同伴，暖かみと好意のあるかかわりが活かされるとよいでしょう。お気に入りのグッズ（肌触りのよいものなど）を携帯することで，段階を進めることができる場合もあります。

▶ケースの概要：小学生の場合

【症　例】 M美さん，小学校5年生。もともと明るくて友人も多く，どちらかといえば，リーダーシップをとれるタイプ。小学校5年の1月中旬，ある学校行事におけるクラスでの企画について話し合いを重ねる中で，M美を含む4人グループのうちの2名とトラブルとなり，その翌日「あなたから離れたい」と伝えられショックを受ける。翌週月曜日の朝から，体調不良を訴え連続して欠席。火曜日の夕方，トラブルがあった2名の女子が自宅まで謝りにきたことを受けて水曜日は登校するが，今度はクラスの他の児童の雰囲気が「前と違う」ように感じられ，翌木曜日から連続不登校。自宅で母親に，「教室が怖い」と訴える。

【家　族】 父親（会社員），母親（パート勤務），兄（中1）との4人暮らし。

【問題歴と現在の状態像】 連続休みが3週間目に入ったところから，いくらか気持は落ち着いた。「そろそろ教室に行くつもり」とは口にするものの，朝になると，軽い頭痛，気分のわるさを訴える（医療機関で診察を受けるも特に異常はなかった）。スクールカウンセラーのすすめもあり，家庭では，規則正しい生活習慣（起床，食事）を継続すること，学校のある平日の夕方16時までは学校でできない活動（テレビ視聴，インターネット，マンガや娯楽雑誌など）は原則禁止，休日や夜は，これまで以上にゆったりと，本人の好きな活動を含め過ごす，という対応をとってもらうことができた。本人も，ときどき，イライラ，落ち着かない様子を見せるが，ほぼ，これらの取り決めを守りながら過ごす。担任（30代前半女性）による家庭訪問は週に2回，そのほか，例の仲のよい友人が2，3日おきに自宅まで遊びに来てくれるが，他の同級生等に姿を見られるのが嫌で，外出は最低限にしている。

ミニミニコラム：不登校，正しい家庭での過ごし方？

多くの不登校の子は，授業等のある時間帯（平日朝から午後4時頃まで）の過ごし方に苦労します。早朝まで起きていて夕方まで寝る生活パターンにするのもひとつの対処とみなせるかもしれません。しばしば日中は，ゲーム，動画サイト閲覧，お笑い番組の再生視聴と，家の中でも「時間の経つのを忘れる」活動で満たされます。母のパート勤務とパチンコ通いのため，未満児の弟の世話を含む家事にいそしんでいる例もありました。これらの「楽しみや活躍の機会が多数用意されている状況」を徐々に抑制し，「時間をもてあます」状態にできれば，さまざまな引きこもりからの脱出作戦が奏功しやすくなるのですが…。

▶"とりあえずの第一歩"を話題にするコツ

> 以下は，認知行動療法によるアドバイスを定期的に受けている担任（Th）が，家庭訪問の中で，展開した面接である。漸次接近法のための，第一歩の在り方を模索している。事前情報として，母親から，「家にいても時間をもてあましつつある」という情報を担任は得ている。それに対し担任は，「家の中で暇をもてあましつつある状況が，かえって望ましい経過らしいです」と答え，母親に，「夕方登校」について提案，それをM美に提案してみることとした。

【M美が比較的得意とする算数の小プリントをさせてみて，採点をし，出来が良かったことに担任が驚いてみせ，M美の気分が少しよくなったところで……】

Th：（計算ドリルが）よくできていて，先生おどろいたわ。昼間，お母さんがお仕事されている間も，お留守番しながらよく学習しているなんて，すごいよね。 ポイント1へ

Cl：ときどき，お父さんにも教えてもらっています。でも，だんだん，わからないことも増えています。

Th：先生ももう少し勉強を教えてあげる時間を持てたらよいのだけれど。放課後だったらねえ，そうね，ときどきでも，17:30ごろ学校に来てくれたら，時間がとりやすいわ。 ポイント2へ 日が暮れるのも早くなってきたので，保健室側から入れば目立たないし。 ポイント3へ お母さんはいかがでしょうか。

Mo：よろしいんでしょうか。そんな時間に。

Th：ええ，さすがに毎日というわけにはいかないし，せいぜい週に2回くらい，30分から40分くらいですけど。それに，教頭先生も，ときどき時間をとってあげたい，っておっしゃっていましたよ。教頭先生も，理科とかを教えてくださるかも。そして何より，遅い時間でも，ちゃんと学校に来てくれたら，登校したことになるし。遅刻扱いだけどね。 ポイント4へ

Cl：うーん…。

Th：今やったこのプリント，とてもよくできたけど，この1問だけ，間違ってしまったわね。授業でやっている内容だと，こういうような計算について練習できているけど，そこのところを夕方に，ドリルできたらいいかな，って思うのだけど。

Cl：うーん…。

▶ポイント解説

> サイコセラピーに焦りは禁物です。それは子どもの支援でも同じです。しかし同時に、「すみやかな改善回復のチャンスをうかがう」姿勢も要求されます。「じっくり構えて事例理解を深める」うちに、引きこもりの長期化、自尊感情の慢性的低下や家庭環境の悪化が進行してしまう場合も多いのです。「状態や特性をうかがいながらも解決を提案できる、解決を提案しつつその反応から状態や特性をうかがう」スキルが、教育相談の現場で求められています。

ポイント1 いかなる介入も、まず褒めることは重要です。あえて付け加えれば、「上から目線」の褒め言葉よりも、「驚き」や「感心」といった対等な関係に近いプラスの感情が込められた褒め言葉が有効なようです。支援する子について、「現状が良くないから学校への接近を促す」ではなく、「今の良いところをさらに伸ばす、可能性を広げることにつながれば、と思って提案してみる」という雰囲気で、話を進めていきます。

ポイント2 支援する側の負担に無理のある計画はおすすめできません。初めからある程度の「長期戦」を覚悟し、予想より順調に進んだら「ラッキー」とするくらいの覚悟が必要です。無理のある支援体制は、いつか本人あるいはその家族への嫌悪的対応につながります。ここでは特に、段階的に学校・学級集団へ接近させていくことができると見立て、それを提案していくわけですから、「（先生は）あなたのためにどんな努力も永遠に惜しまない」の勢いではなく、「（先生にも）やれることには限界があるけど、あなたがここまで勇気を出せるようであれば、こんな支援を提供できるのだけども…」といった「かけひき」の余地があるくらいがよいでしょう。

ポイント3 しばらく休んでしまっている学校に接近する、ということを想像すると、いろいろな不安がわいてきて、「頭がいっぱい」の状態になります。そんなときは、言葉をさらに重ねるのではなく、視覚的なイメージの想起を促す言葉かけが有効です。「大丈夫よ」のひと言でなく、「（学校の）この時間帯には、この場所はこういうようになっているから安心だよ」という情報を、提供してみてください。あくまで、説得ではなく、情報提供です。

ポイント4 ちょっとした勇気を出すことに伴う、具体的なメリットを、さりげなく言葉にしてあげています。「○○しないと、××になってしまうよ」では、脅し言葉になります。「○○できたら、□□できるけど」と、前向き言葉で。

Th：たとえば来週の，月曜日あたりだと，先生も都合がいいのだけれど。あるいは水曜日，17：30とか。お母さんと学校に来てみたら。どちらも大丈夫だと思うわ。お母さんから，17：00ごろに電話いただければ。もちろん，そのとき，つらいなあ，という気持ちだったら，無理しないで，そう言ってくれればいいからね。 ポイント5へ
Cl ：はい，じゃあ，水曜日に。
Mo：ありがとうございます。水曜日にお願いします。

　そして水曜日，約束通り，17：00に母親から電話があり，「無理ではなさそう」という連絡だったため，Ｍ美と母親を学校で待つことになった。担任は母親と，より目立たない，校舎への入り方を打ち合わせた。

Th：わあ，よく入れたわねえ，ずいぶんドキドキしたでしょう。
Cl ：緊張しましたけど，もう暗かったから。

　続いて，約束通り，算数の苦手な問題の解き方をドリルで勉強し，よく話をしていた教頭先生，相談にのってもらっていた養護教諭にも短い時間であるが，会うことができた。 ポイント6へ 　金曜日の夕方にも，同じように夕方登校することで合意。

　金曜日，同じく夕方にやってきたＭ美に，プリント学習をした後，担任は次のように提案した。「もうみんな下校しているけど，教室に入ってみない？　久しぶりでしょ」。
　Ｍ美が少しためらいながら頷いたのを確認した上で，担任はＭ美を他の子が全員下校した後の教室へ導き，現在のＭ美の座席を確認した上で，最近のクラスでの活動，様子などを伝えた。Ｍ美の表情は悪くなく，その後も教室の掲示などを眺めていた。 ポイント7へ 　15分ほど過ごした後，教室前の廊下，階段などの掲示も見てもらいながら相談室に戻った。
　翌週も水曜日と金曜日に夕方の登校を続け，時には担任の代わりに教頭あるいは養護教諭が担当し，簡単な学習の指導，音楽室や図書室を見て回る，などを達成できた。他の教職員からも声をかけてもらい，あいさつを返すことができるようになった。

ポイント5	不安を抱えやすい子は，すなわち「拒否」するのが苦手な子でもあります。やや刺激的になる可能性のある提案には，「拒否」してもかまわないこと，「拒否」するための具体的な手続きを示すことが大切です。一般にエクスポージャーでは，大人でも子どもでも，より苦手が高まる次の段階に進む前，本人に拒否する権限が保証されていること，それが無理なく遂行できるようにしておくことが望まれます。子どもだけでなく，大人も含め，人というのは，「退路」が確認されていることを知るだけで，目の前の諸条件が同じでも，勇気が出しやすくなるものです。
ポイント6	できるだけ早めに，複数の教員が対応できるようにしておくとよいでしょう。特定の教員しか本人に安心と安全を提供できない，ということでは，学校への接近までの支援のバリエーションが乏しくなりがちです。複数の教員が対応できると，学校の中に確保できた居場所から学校外の他の場所までの漸次接近法を進める上で有利になります。
ポイント7	人は一般に，特定の中心的刺激と状況をセットでとらえ，このセットに対して恐怖や不安を抱くものです。中心的刺激へのエクスポージャーがまだ無理な段階でも，それとセットとなった周辺状況へのエクスポージャーなら可能となるものです。児童生徒が不在の間の，廊下，体育館，教室などの状況へのエクスポージャーは，意外なほどまでに効果的です。

▶ このケースのその後の展開

　夕方登校が安定してきたところで，担任は担任の午前中の空き時間に，相談室への登校を提案した。それが達成できたところで，さらに午前中からそのまま給食をとること，その給食に，今ではすっかり「M美への不満」は解消した仲良し3名を誘ってみることへと，段階的に日中への教室，他の児童がいる場への接近が進められた。体育館での全校での集まりを体育館ギャラリーから眺めること，仲良しとの給食の機会を増やすことなどをしていきながら，3月の上旬から，朝からの通常登校が可能となった。

　小学校6年に進級後は，同じクラス編成であったがまったく問題なく登校することができるようになり，本来のM美の元気さを維持したまま中学校へ進級した。小学校5年時の経過を引き継いだ中学校での，きめ細かな観察，連絡日誌を使った中学校の担任とのやりとりなどが奏功し，中学校でも特別大きな不調に陥ることはなかった。

コラム5　漸次接近法

　漸次接近法（successive approximation）は，認知行動療法の中でも，最も基本的な行動変容原理の1つです。複数の訳語があり，「継時近接法」もよく用いられます。

　この技法は，訳語の問題だけでなく，その理論的解釈においても，誤解を招きがちなところがあります。

　本来この言葉は，行動分析学（スキナー心理学をベースにした行動形成や維持，変容のための技術体系）において，「出現頻度がゼロか極端に低い行動を形成する」ための手続きをさす用語です。行動分析学的アプローチでは，出現頻度を高めたい行動に「強化」を随伴させていくのが基本です。ところが，周囲が強化を準備して待ち構えていても，強化したい行動が「待てど暮らせど」出現しない場合には強化しようがない，ことになります。

　そこで，目標とする行動と比べて不十分，不完全だけども，方向性としては目標とする行動に近い（あるいは，目標としている複雑な行動の一部分である）行動をとりあえず強化し，その出現頻度を高め，この手続きを段階的に進めていきます（分化強化）。つまり，「現状で"より目標行動に近い"行動の出現を強化していく」の繰り返しで，最終目標の行動の出現を引き出し，それを強化していくわけです。この過程は，形成化（shaping）ともよばれます。

　われわれ人間は誰でも（動物も），このようなスモールステップで，より目標に近いふるまい，一連の動作，さらには外界の認識とその言語表現が発揮できるようになります。ただ，人の場合だと，観察学習（モデリング）と言葉や信号による指示が有効なので，そこまで徹底的に細かな手続きが必要となることはあまりないのです。

　本節で紹介されているように，漸次接近法は，過剰な不安・緊張のために学校場面に接近できなくなった児童生徒の支援方法をさす用語として浸透しました。そのパイオニアは，我が国の行動療法，認知行動療法の発展と普及の第一人者であられる，内山喜久雄先生でした。

　内山先生が1970年代に紹介された文献にもありますが，この方法は，不登校児童生徒の再登校支援について，とても有効でした。それはこの方法が，よくできた現実場面での段階的エクスポージャー介入でもあったからです。漸次接近法は，強化随伴による段階的な行動形成であると同時に，段階的に不安や回避衝動を解消してくれる方法だったのです。

　実際のところ，完全な再登校，あるいは別室登校，放課後登校などに移行できた，あるいはできつつある支援事例の大半では，認知行動療法の技法という認識などなくても，この漸次接近法がベースとなっていることでしょう。まさに，不登校支援の王道なのです。

▶ケースの概要：中学生の場合

【症　例】 S男くん，中学2年生。小2夏から小5夏まで父親の仕事の関係で，県外で過ごす。「大人しく，やさしく，まじめ」な性格。小5で転校から戻った後しばらくは，「うまくあわせていたが，溶け込めてなかった」（小学校担任談）とも。中学校1年の6月頃から，体調不良の早退，休みが目立つように。母親が問いただしたところ，「クラスの雰囲気が不まじめすぎる」とこぼした。7月中の登校日は1日だけだった。夏休み中に県外で体験できたことがきっかけとなり，登校に対して前向きとなり，中学校内の別室に，毎日午前9時から11時まで，登校できる状態になった。そこから以下に示すように，スクールカウンセラーとの面接が開始された。

【家　族】 父親（会社員），母親（専業主婦），妹（小2），祖父母との6人暮らし。

【問題歴と現在の状態像】 中学校進学後，まじめな生徒をからかって楽しむところがあるクラスメイト数名に，嫌なあだ名をつけられた。文化系クラブ活動に自ら望んで入部したが，まわりは女子が大半を占めており，特に仲の良い関係がなかなかひろがらない様子がうかがわれた。校内の試験では良い成績がとれたが，塾での試験は思うように点数がとれず，クラスでの学習の進みの遅さ，授業中のクラスメイトの落ち着きのない様子に，不満が高まっていたことが確認できたのは，連続不登校となった7月に入ってからであった。母親は，「もっと早く話をきいてあげれば」と反省した。

ミニミニコラム：内山喜久雄先生の思い出

　内山喜久雄先生（1920-2012，医学博士，筑波大学名誉教授）は，初代の日本行動療法学会理事長をはじめ，関連する多くの学会，団体の設立と発展に尽力され，文字通り，我が国の行動療法，認知行動療法の普及，そしてなにより研究と実践をリードする役割を長く果たしてこられました。著者ら2名も，それぞれ学部生の時代から，多くのご指導と励ましをいただきました。日本行動療法学会には，「内山記念賞」という学会賞（優秀学術論文賞，内山先生のご寄付による）がありますが，著者らはそれぞれ，1992年，1999年に筆頭著者として受賞させていただきました。出身校，出身研究室，専門や有する資格にかかわらず，温かい励ましの言葉，情報，チャンスを与えてくださる先生でした。今日の我が国の認知行動療法を牽引する役割にあって，内山喜久雄先生から直接・間接にご指導を受けたことがない，という人は少数で，まさに「ビッグ・グランパ」的存在でした。

▶恐怖形成場面の傾聴にエクスポージャー効果を持たせる面接のコツ

> 学校不適応に陥る子には，その子なりに不満の蓄積，あるいは，不安を募らせる経緯との解消される見込みの無さ，などがあるものです。面接の中で，それらを具体的に確認していくこと，つらかったことを思い出してもらうことも，一種のエクスポージャーの効果を生み，嫌悪感や不安感が解消していきます。

【趣味の話などで，Clと和やかな関係が形成できたところで…】

Th：5月頃には，ずいぶん，嫌なことがあったらしいと，先生方からうかがったけど。たいへんだったみたいだね。

Cl：はい，まあ，サイテーでした。

Th：よかったらそれについて，お話をうかがいたいのだけど。もし，ここで口にするのもつらい，ということであれば，無理してくれなくてもいいけれど。 ポイント1へ

Cl：だいじょうぶです。無理じゃないです。

Th：そうですか，それはありがたいです。先生方は，S男くんは，本当によくがんばっている，よく学校の中まで通えるようになったって，褒めていたけど。

Cl：でも，まだ教室には通っていませんから。勉強も遅れているし。

Th：それだけたいへんだったということだね。勉強の面でも，がんばろうという意識を持てているみたいだね。すごいね，どうしてそんな勇気を引き出すことができたんだろう。お父さんお母さんが，そうおっしゃるのかな。 ポイント2へ

Cl：父や母は，無理しなくてもいいと言ってました。でも，本当は，学校に行ってほしかったのだと思います。勉強をして，高校進学に備えたいですし。

Th：そうですか。何か，将来なりたいものとか，あるんですか。 ポイント3へ

Cl：ええ，実は，工業専門学校で，ロボットをつくりたいんです。

【この後，しばらくロボット作成の夢の話】

Th：じゃあ，入試のためにも頑張ろうか，というところだね。で，さっきの続きだけど，どんなつらいことあったのか，お話聞かせてもらえるかな。 ポイント4へ

Cl：「ガリ勉君」って，あだ名をつけられたんです。あの，3人グループに。

Th：それがクラスの，落ち着きのない男子3人組，だね。

Cl：そうです。

▶ポイント解説

> 人間関係の中で生じたトラブルがきっかけとなった恐怖や嫌悪について，効果的な現実エクスポージャーをすすめるのは意外と困難です。「対人トラブル（被害経験等を含め）」を現実に設定するのがまず不可能だからです。よく用いられるのは，トラブルの場所，状況をリアルに想起させるもの，関連する刺激を用いて，イメージで曝露する方法です。この事例のように，段階的に（「取り調べ」調にならぬよう），詳細に語ってもらうこと自体が有効なエクスポージャーです。

ポイント1 支援のために，具体的な情報をうかがえると（セラピストが）ありがたい，ということをしっかり表明すると同時に，無理に話をさせるつもりはないということも伝えます。自分の弱さを認めたくない，という気持ちがある生徒には，「無理はしなくていいんだよ」を強調することで，かえって，前向きに話してくれることがあります。こういう，思春期の心の微妙な反作用までを，援助のために活用できるとよいでしょう。

ポイント2 いわゆる，コーピングクエスチョンです。本人に前向きさが出てくるとき，その過程をどのように言葉にするのか，をうかがうチャンス。ここではついでに，両親のサポートとその効果についてアセスメントしようと欲張っています。もちろん，悪いことではありません。

ポイント3 思春期の子どもとの面接では，将来の目標というか，夢，やりたいこと，などをうかがうことがとても有効です。何が快で何が不快か，のヒントが得られます。本人の夢を受け入れることは，本人を受け入れることにつながります。夢や目標について回答が得られなければ，①あるのに話しにくい，②持てていない，③混乱の状況にある，のいずれかですが，いずれにしてもそれらに関連する情報が得られます。

ポイント4 テクニックというほどのことでもありませんが，「今日の面接の目的は，少なくともセラピストとしてはここにある」というところを示し，適切なタイミングでそこに戻ろうとする必要があります。ただ"楽しければいい"というお話をする存在ではないことを，やんわりと確認することになります。子どもとの面接であっても，一定の目的意識，を確認することで，認知行動療法らしい展開が進みます。

Th：その場面を思い出すことができますか。最初にどんな場面で言われたのかな。いつぐらいのことだったかな。 ポイント5へ

Cl：たしか，5月の連休明けで，休み時間にドリルをしていたんです。

Th：1人で，だね。

Cl：はい，その日の夜は家に用事があったので，学校でやってしまおうと。

Th：そしたら，そこに，3人がやってきた，のかな。 ポイント6へ

Cl：はい。雨が降って，外で遊べなかったから，教室で過ごしていたみたいです。

Th：そのときの声は今，頭の中で聞こえますか。「ガリ勉君」って，どんな言い方だったのかな。

Cl：教室に残っていた，他の生徒にも聞こえるように。大きな声で。嫌な感じで。

Th：つらかったね。苦しくなかった？　お腹とか。 ポイント7へ

Cl：苦しかったです，頭の後ろが，ぎゅーと痛くなるような。

【この後，しばらく，そのとき，その後のいじわるを描写】

Th：大丈夫かな，お話するのがつらかったら，無理しなくていいんだよ。

Cl：大丈夫ですけど。ちょっと，思い出して苦しくなりました。

Th：ありがとうね。ちょっと，肩にも力が入っているみたいだね。少し，力を抜く方法教えてあげようか。試験とかで緊張したときにも，使えるよ。
　　 ポイント8へ

Cl：はい。

【この後，簡易な，腕の漸進的筋弛緩訓練を行なう。】

ミニミニコラム：漸進的筋弛緩訓練とは？

　人は誰でも無意識のうちに，身体の各部の筋肉に余分な緊張を残しています。緊張，不安，興奮やイライラなどはそれらを強め，ストレスにさらされ続けている人では，過剰な緊張は慢性化しています。そのような状態にある人に最適のセルフコントロール法です。

　「力を入れる」と「力を抜く」の反復を，左右の手や腕の一部や肩などから始め，首，表情筋，脚，体幹へと進めていきます（部分的に選んでよい）。緊張と弛緩を自分でとらえられるようになること，余分な緊張の脱力を自己制御できるようになることを通して，心身のリラックスがもたらされます。呼吸法はじめ，他のリラクセーション技法への導入としても最適です。

【参考文献】
五十嵐透子『リラクセーション法の理論と実際』医歯薬出版　2001年

ポイント5	大人でも同じですが，状況をありありと想起してもらうためには，日付，曜日，時間帯，どの行事の前後であったか，などを明確にしてもらうことが基本です。
ポイント6	適度に，言葉をはさんで，イメージ喚起を促進します。
ポイント7	ネガティブな感情について，さらにリアリティを高めるため，身体反応などもうかがいます。
ポイント8	エクスポージャーの効果を高めるためには，安全確保的な手続きをあえてとらない，というすすめ方もあるのですが，ここでは，中学1年生であり，また，安全確保の意味を説明することも難しいので，リラクセーションを導入しています。緊張しやすさがうかがえるため，1つのストレス・マネジメントスキルとして，筋弛緩を継続して指導しています。

▶ このケースのその後の展開

この後，1週間隔で4回，本人との面接を行ない，学校場面で恐怖や嫌悪をおぼえたピークの場面の描写をすすめた。回を重ねるほどに，描写はより細かくなり，同時に，語る表情は和らぎ，語り方，表情からも緊張や苦痛がとれていく変化が確認された。

別室担当の教員からも，まだトイレやその他の用事で廊下に出るときなどは，気にする様子があるが，ひと月前ほどの，わずかな物音や生徒の声に1つひとつびくびくしていた様子が無くなってきたことが，報告された。

その後，「午後まで残って自習したいし，学習支援も受けたい」という希望が出てきたので，別室内で給食をとれるように準備をした。ところが，学校給食を前にすると，さまざまな不快さが連想され，食欲が減退する，ということであったので，しばらくの間，母親が用意した弁当を学校に持参し，それを別室担当教員，他の2名の生徒と食べるような期間を2か月ほどはさんだ。その後は，給食をとれるようになった。

体育館での活動を体育館ギャラリーから眺める，仲良しだった生徒に別室に遊びに来てもらう，行事の練習を離れたところから眺める，といったことを経験した後，1年冬休み明けから，一部の授業を教室で受けることとなった。2年進級の4月からは，新しい教室でまったく普通の生徒と同じように過ごすことができるようになり（例の3人への強い恐怖も無くなった。もちろんこれには，この3名への柔らかな指導も奏功した），無事卒業，希望の高校への進学も果たした。

共著者からみた「ここがいいね！」

　この章で紹介されている漸次接近法は，認知行動療法の中でも，伝統的な行動療法の流れをくむ技法で，多くの学校臨床の現場で着実に成果をあげてきた重要な技法です。これを行なうにあたりセラピストが意識すべきポイントは，「いかに学校への接近欲求を高めることができるか」でしょう。不登校の形成のプロセスから考えると，まず不安を下げることが登校意欲を高めることになるという図式で考えたくなりますが，不安は回避行動でがんじがらめに保持されていますので，不安だけを下げようとしてもうまくいきません。接近欲求を高めていきながら，「不安だったけど何とかやれた」という体験を増やしていくことで，結果として不安が下がっていくというプロセスをたどるしかないのです。

　このケースでは，接近欲求を高めるためのかかわりとして神村さんは，本人と折り合いのつきそうな課題を設定し，具体的な場所・時間・支援の方法の提案し，行動の実行に伴う小さな達成感を感じられるような段取りを整えていくようにしています。この関わりから，「ある一定の安全（安心）」は保障しながらも，行動形成の道程を丁寧に示していく様子がわかると思います。

テクニック2の2 エクスポージャーと儀式妨害をすすめるコツ

基本のおさらい

①強迫性障害へのエクスポージャー

　強迫性障害についてはテクニック1の4で紹介したとおりです。ここではさらに一歩進め，エクスポージャーと儀式妨害（以下，ERPと表記）のすすめ方に関連したコツを紹介します。ERPをすすめるまでに整っていることが望まれる条件を，表2-2-1に示してみました。

表2-2-1　強迫性障害のクライエントにERPをすすめるための条件

①明白な観念と儀式行為からなり，他の精神疾患によるものではないこと。
　（発達障害の人の場合，②～⑨の条件を満たす限り適応が可能）
②自らの症状が理にかなっていないことへの認識を十分持てていること。
③障害の基本メカニズムである「悪循環」について納得していること。
④上記の①～③を支える知的な理解力が備わっていること。
⑤儀式行為を「軽く」できればメリットが増えるという動機を持てていること。
⑥「生活の困難が深刻で長期間自立できていない状態にある」に該当しないこと。
⑦「周囲への巻き込みが強くそれを制限されるとパニックに陥る」に該当しないこと。
⑧「（主たる診断とは別に）重い抑うつの状態にある」に該当しないこと。
⑨ERPを紹介するセラピストの指示を理解し従う態度が認められること。

　また，本格的なERPを開始する前に，表2-2-2のような準備が必要となります。
　ERPについては，これを専門とするさまざまなセラピストが，大枠では同じでも，わずかに異なる方法論を紹介されています。最初にSUDS（主観的障害の単位）のどの程度のところからERPを開始するかについては，必ずしも合意が得られてはいません。SUDSそのものが，クライエントの主観による評価ですから，これを基準に，○点の引き金から開始すべし，とすべてのケースで同じ規定に当てはめるの

表 2-2-2　強迫性障害へのERPのためのクライエントとセラピストの準備

① SUDSの評定と確認に慣れておくこと（通常は100-0スケールだが適宜変更も可）。
② 強迫観念を引き起こす引き金についてセラピストと共有できていること。
③ 引き金が明確にされた不安階層表をセラピストと共有できていること。
④ ERPを開始した後の「中断」は悪化をもたらす危険があることを理解していること。
⑤ ERP手続きについてモデル（通常はセラピスト）提示の準備ができていること。
⑥ 恐怖と回避衝動の高まりの中に"心と体"を曝し続ける覚悟ができていること。
⑦ ERP開始後の儀式行為は些細なものでも効果を減じることを理解していること。
⑧ 「無関係の何かを思い浮かべる」等でも改善効果は小さくなると理解していること。
⑨ SUDSが低下を示すまで十分な時間（30分以上）をとる準備ができていること。

にも無理があります。また，セッション内でERPを行なうにしても，ホームワークとして課すにしても，ERPのための引き金の「用意のしやすさ」も考慮せねばなりません。

筆者は，クライエントが「なんとか30分以上，曝され続けることは可能」と解答したあたりを最初のERPの目安としています。回避衝動が高まった中で突然回避されてしまう可能性はまずない，と判断できるあたりです。ただし，最初からホームワークとはせず，"セッションの中でセラピストと一緒にERPできる内容"にすることを原則としています。最初のERPでなんらかの失敗があったため，その経験を解消して再度ERPに取り組んでもらうことが困難になってしまうのを防ぐためです。SUDSでは，おおむね30～50くらいがほとんどでしょうか。ただし，都合がつかず，最初からホームワークとして取り組んでもらう場合は，無理のない，SUDSで言えば，20～30のところから開始してもらうことになります。

クライエントがERPの効果を実感し，ERPをその後も継続して実践してもらうための動機づけをもって帰宅いただくには，ある程度の恐怖や不快を引き起こす状況に曝し，「回避衝動の上昇」⇒「頭打ち」⇒「自然落下」の過程を経験してもらうことが有効です。そのために，まず「プチERP」を体験してもらうことが有効です。症状とはやや関連が薄い，「ちょっとした気持ちの悪さ」を体験してもらい，続いて「その気持ちの悪さ」は「何もせずそのまま時間を経過させる」ことによって「自然乾燥」される。これを実習として体験してもらい，その上で，クライエントの症状に関連した，本格的なERPへ取り組んでもらうわけです。

▶ケースの概要：強迫性障害の場合

【症例】 M美さん，主婦31歳。小さい頃から細かなことを気にしやすかった。中学校1年の後半で数か月間，登校が困難になり，いわゆる別室登校をしていた。応援してくれる友だち，教師に恵まれ中学2年以降は立て直し，希望通り

の商業高校へ進学。女子の割合が高いコースに進学，地味な部活動を選んだためか，不安定になることはなかった。高校卒業後，医療事務の資格取得の専門学校に進学し，親戚の紹介である病院の事務職に就職。事務長（男性）がかなりワンマンなタイプで，ストレスがかかり，結局2年で退職。後から思えば，病院では感染や体液や汚物の汚れを過剰に気にしていた。アルバイト等をしながら過ごしていた中でお見合いをすすめられ，結婚。相手は交代勤務がある公務員。夫婦関係は特に悪くなかった。26歳で第一子（男子）を出産。その前後から後述するような強迫性障害の症状が強くなった。比較的近所に，夫の両親が住んでおり，家事などを義理の母に手伝ってもらっている。義母は夫に似て優しいが，負担をかけていること，第二子をもうけることにためらいが生まれていることに，負い目を感じているという。

【家　族】　生育家族は，父親（会社員を定年退職後，嘱託勤務），母親（専業主婦），妹（2歳年下，大学を卒業後一人暮らし，父に似て活発），祖父母（父方）の6人。幼少期は祖母に育ててもらった。母親は，30代半ばからうつを患い5年ほど外来通院。今は回復しているが，無理はできない。実家までは高速道路を使って1時間ほどかかり，実家に手伝ってもらうのは困難。

【問題歴と現在の状態像】　第一子出産前後から，産婦人科に通うことが増える中で，体液，特に血液に対する不安が強くなってきた。病院の待合でたまたま手にした健康雑誌で，強迫性障害の紹介記事を読んだ。自分がこれによく当てはまり，このまま生活がたいへんになるのであろうか，と急激に不安が強まった。その心配を，ちゃんと頭から追い払わなければならないと思ったら，逆にこびりつき，「このままさまざまなことを気にしながら人生を送るのか」と絶望的な気持ちに襲われた。診察を受けるたびに，医師や看護師が扱うガーゼや器具などをしっかり目で追い，自分に汚れがつくこと，汚れを持ち帰ってしまうこと，家の中や家族にその汚れを広げてしまうことを気にするようになった。帰宅後の手洗いの回数が増え，洗い方もしつこくなった。病院だけでなく，スーパーの買い物でも，店員や他の客が手に触れる動作に気をとられ，なんとか買い物はすませても，家に帰ると，自分も荷物も，ついた汚れが広がらないようにと意識し，荷物の置き場所にも注意を払うようになった。いったん外出して帰宅すると手を洗い，外から持ち返った品物と服装，財布等に触れないようにつとめ，触れたような気がしただけで手洗いやシャワーを浴びないといられなくなった。特に，息子と息子が口にするもの（衣服やかける毛布等も含め），タオルなどを扱う際には，さらに徹底した洗浄と消毒を行なうようになってきた。これらにより急速に生活の狭隘化が進み，ご主人同伴で，心理相談を求めてこられた。

▶"プチERP"でERPのエッセンスに慣れてもらうコツ

> 誰でも日常的に，なんとなく気持ち悪いけど，そのうち忘れる，平気になる，を経験しているものです。「冷蔵庫から牛乳を出して飲んだ後で，賞味期限が2日過ぎていたことに気がついた」などです。慌ててはき出そうとしても，もう間に合わず，胃のあたりに気味悪さはしばらく残る。でも，時間が経てば，いつの間にか「嫌さ」が抜ける。「逃れたい！」の衝動が高まっても，時が経てば放物線を描いて落下してくるのだからそれをただ待つ。この感覚を実感してもらいます。

　初回は，ご主人と同伴で来談されました。M美さんは，マスクに手袋の状態でした。「初めてのところだったので心配で」とのこと。上述の経過を，ご主人が語れるところはご主人が，そうでないところはご自身で，ゆっくり語られました。全体に「線の細い」印象はありますが，質問の理解とその返答は的確で，抑うつも軽度でした。ご主人と6歳になる息子さんへの巻き込みも認められますが，何よりご本人がそれについて，「意味の無いこと」で「申し訳ないこと」だが，どうにも気持ちが収められずに，と語られました。ご主人も，「正直キレそうになることはある」と苦笑しながら語り，しかしまだゆとりがあるように見えました。　ポイント1へ▶　上述表2-2-1の条件は，なんとかクリアしているにうかがえました（最終的な判断は2回目として）。

　そこで初回面接のうちに，テクニック1の4にあるような心理教育を一気に進め，飯倉康郎著『強迫性障害の治療ガイド』（二弊社，1999）の，ご夫婦そろっての購入講読をすすめました（最近では，原井宏明・岡嶋美代著『図解やさしくわかる強迫性障害』（ナツメ社，2012）も紹介し，ご本人で選んでもらうようにしています）。

　1週間後に2回目の面接を設定し，ERPへの意志を再確認していただくこと，人によっては厳しい方法なのでご夫婦でよく相談して来てほしいこと，必ずしも急ぐ必要はないが実行すればそれだけ早く楽になることが見込まれること，担当セラピストとしてはまったく別の方法は残念ながら紹介できるものがないこと，　ポイント2へ▶　でされば心療内科ないし精神科医への受診がおすすめであること，などをお伝えしました（紹介できる医療機関のリストをお渡ししつつ）。

　2回目の面接は，本人お一人での来談でした。マスクも手袋もありませんでした。一度中に入って，大丈夫と思えるようになった，ということでした。

▶ポイント解説

　初回の最初から，改善のための「可能性探し」が開始されます。「脆弱性」探しが優先ではありません。むろん，診断つまり病理性のチェックのためにも，親切さのある心理教育の上で，しっかりと情報を集めるのが基本です。このM美さんの事例では，たとえば「ご主人の同伴」をどうとらえるか，です。「M美さんの弱さ，依存性を示す」などととらえるよりは，このご主人という存在が今後の展開でどこかで活かせないか，と考えるのが，解決志向のサイコセラピーである認知行動療法として「正解」となります。むろんその一方で，明らかに「"重要な他人"の筆頭」であるご主人が強迫に巻き込まれていないかどうか，図らずも症状の維持に貢献してしまっているところがないか，などをしっかり確認していきます。なお，家族の巻き込まれや症状表出を強化してしまうかかわりは，強迫性障害の原因ではなく，維持要因の1つです。

ポイント1　対話のやりとりとしては記述されていませんが，「正直キレそうに」というご主人のコメントにも，しっかり対応し情報収集したいものです。「『キレそうになりながらも，そうせずに』とは，すばらしいですね。それって，深い愛情があってもなかなかできないことですけど。ちなみに，どのように気持ちを切り替えておられますか」くらいは，コンプリメント（賛辞）でお返ししましょう。クライエントのための重要な支援者なのですから。ただし，肝心のM美さんがそのあたりを聞くことそのものがつらそうであれば，ご主人への「よいしょ」話は，別の機会にしましょう。

ポイント2　「他の（心理的）方法」について，「残念ながらご紹介できない」という説明をさせていただくことは，特に成人の強迫性障害でERPによる改善が見込まれる場合，よくあります。また，ご本人がERPを来談時から，ある程度正しい理解の上で希望されている場合は別ですが，そうでなければ，説明と資料をいったん持ち帰って，次回面接までに，ERPを希望するかどうか，本人ないしは重要な家族とご相談する機会をとってもらうことにしています。積極的におすすめしつつも，あくまでクライエント自身が希望して臨む，という展開にしておきたいところです。

【2回目面接から】

Cl ：本を読んで，悪循環ということが実感できました。やはり，この「バクロ・ギシキ・ボウガイホウ」をやってみるべきだとは思います。主人もすっかり，この方法に乗り気で，今日は絶対に「やります」と言ってくるようにと言われました。普段は強引なところはない人ですけど。やはり，満足に家事や育児ができなくなっていることが，不満だったのだと思います（やや表情暗く）。

Th ：ご主人のホンネは，私には，わかりませんが，でも，気にしないで家事や育児をされている奥様を見てみたい，という気持ちは，おありになって不思議ではないでしょうね。で，M美さんとしてはどうでしょう。 ポイント3へ

Cl ：元に戻れるのかどうか。ひょっとしたら，自分はもともと，強迫性障害になるべくして生まれてきたのかもしれませんし。小さい頃から心配症でしたし。

Th ：小学校から中学校の頃でしたね，男子の汗とかも気になっていたとか。

Cl ：ええ，汗とか，あと，恥ずかしいのですが，実は，男子の精子のことも，たびたび気になっていました。男子が手で触れたところを必死に目で追って覚えておいて，自分が触れなければならないときは，そこをずらして触れようとしたり。最近になって，そういうことをよく思い出すようになったのです。

Th ：そうですか，面接の中で，いろいろお話しされて，それでいろいろなことが思い出される，というのは，わりとよくあることで，必ずしも悪いことではないのですが。でも，お気持ちは複雑，というようにお見受けしますね。 ポイント4へ

Cl ：たしかに，複雑です。でも，あれこれ観念がわいても，やれることが広がったらいいなあ，とは思うのです。

Th ：やれることが広がる，ですね。 ポイント5へ

Cl ：そうです，遠慮無く，幼稚園から帰ったら，抱きしめてあげたり。

Th ：同じことをしても，気にしながら，と，遠慮無く，では違いますよね。

Cl ：そうなんです，きっと心と体が軽くなるでしょうね。

Th ：素敵な表現ですね。 ポイント6へ 重くて湿気を含んだようなてら，ではなく，軽い，ちょっと高級なダウンみたいに，軽さを感じない，ですね。

Cl ：高校の頃は，気になっても「まあ，しかたないか」でできていたんです。

Th ：そうできていた時期もあったんですね。 ポイント7へ

Cl ：そうなんですよねー。

ポイント3 「家族は本人をどうみているだろうか」に関する，セラピストからのコメントや問いかけのための言葉には，けっこう気をつかいます。「この先生（セラピスト）は私よりも家族の味方なのかしら」という考えが自動的に浮かび，不信，怒りに近い気持ちを喚起するクライエントもいます。あるいは，家族の立場から理解できるクライエントかどうかを見極めるきっかけになるかもしれません。わずかなリスクを冒しつつも，クライエントの反応の仕方について情報を集め，アセスメントと介入につなげたいものです。ここではその後，無事に，つまり上記いずれにも展開せず，自分の強迫性障害についての話に戻っています。ここでの結果は，M美さんが，対象関係面で安定できている人であることをうかがわせるものでした。

ポイント4 ERPへ心が向く中で，さまざまな心理的動きが出てくることもあります。深刻な病理のサインでなければ，セラピスト側が慌てたりすることなく，しっかりノーマライズしていくことができるとよいでしょう。ただし，「さあ，ERPやりましょう」というように，強く押すことは避けましょう。こうして2回目のセラピーに来談していることからも，意欲は高まってきていることがうかがえるのですから。

ポイント5 「症状が小さくなったらどうできるか」の話をふくらませるような，応答を挟んでみること。クライエントの動機づけを高めるちょっとしたコツです。詳しくは，原井宏明著『方法としての動機づけ面接』（岩崎学術出版社，2012）など。

ポイント6 表現のユニークさ，おもしろさ，わかりやすさ，などは，どんどん褒めていきます。一方にこのような「褒める」のかかわりが十分あれば，他のやりとりで，クライエントの表現にわかりにくさがあっても遠慮なく，「そこについて，もう少し詳しくお話いただけますか」といった質問を投げかけやすくなります。

ポイント7 「自分はずっと神経質だった」の考えを弱め，「それほど神経質でもなかった時期もあった」のとらえ方を強めています。

Th：（少し，表情の暗さが薄れてきたのを確認して）ちょっと，変なことをお願いして良いですか。 ポイント8へ 今，お掛けになっている椅子の肘掛け，ありますよね。それ，こうして（セラピストが実際に）指先で拭き取るようにしていただけますか？ ポイント9へ そうです，そんな感じ（Cl実践）。その指の先の腹のところを，こうして，頬に押しつけてみていただけますか。できないくらい嫌だったら，けっこうですけど。

Cl：（頬に押しつける）まあ，あまりいい気はしませんね。失礼なこと言ってますが。

Th：いや，それ，あたりまえです。今，強迫でない人でも感じるレベルのことを，試しにしていますから。今，お掛けの椅子は，いろんな人が毎日腰掛けている，そして，その中には，風邪とか，ひょっとしたら，なんとかウイルスに感染しかけていた人もいたかもしれない。 ポイント10へ どうですか，嫌ですね，ごめんなさい。でも，もし無理じゃなかったら，しばらくそのまま，指の腹を頬に押し当て続けていただけますか。 ポイント11へ

Cl：はい。気にはなりますが，なんとか大丈夫です。（しばらく，その状態で沈黙……2分くらい経過）

Th：気持ちよくない感じ，どうですか。

Cl：少し，ましになってきたというか，もう，しょうがないというか。

Th：そうですか，「しょうがない」の感じですね。中学校で感じてたのと似ている。

Cl：言われてみれば，そうですね。

Th：これ，もう，原井先生の本にあった「バクロ・ギシキ・ボウガイホウ」ですね。できちゃいましたね。 ポイント12へ

Cl：まあ，肘掛けくらいなら……。

Th：では，もう1つ，お願いしてもよろしいでしょうか。 ポイント13へ 今度は，このティシュを1枚取り出して，たたんで，こうしてこの部屋の床を拭きます。まあ，わりとこまめに掃除はしているので，埃もそれほどつきませんが。では，同じこと，やっていただけますか。

Cl：わかりました。（セラピストの見せた動作を行なう）

ポイント8	クライエントの気持ちが少し，前向きになりかけたら，チャンスです。少し積極的に提案してみます。提案して，乗ってこなかったら，タイミングが早かったと思えばよいのです。
ポイント9	新しいアクションを指示する際は，必ず，モデリングを使うようにします。認知行動療法ではとても大切なコツです。こういった，ごくごくささやかな，コーチング・スキルが成否に大きくかかわっています。
ポイント10	ある課題の遂行の様子から，わりと平気そうであれば，恐怖や嫌悪がより高まるような，誘導を加えます。もちろん，びくびくしながら，精一杯やっていただいているようなら，このような「いじわる」は不要です。
ポイント11	いける，とふんだら，積極的に「エクスポージャー実習」をすすめます。「その場の勢い」を有効に活かします。
ポイント12	ちょっとした課題の遂行が，もう認知行動療法の訓練（ここでは，ERP）の達成になっていることを強調します。「ここからが本番です」でなく，「あなたはもう達成できている」というメッセージの与え方です。
ポイント13	「いける」と判断できたら，慎重に（いつでも撤退できる覚悟で）たたみかけてみます。

ミニミニコラム：あなたはすでにできている！のメッセージ

　「心の健康，精神疾患の克服までには，身につけなければならない対処法やスキルは，まだまだたくさんありますよ」という「めざせ！100点満点」の認知行動療法になっていないか，時どき振り返ってみることも大切です。研修のために参加した事例検討会で聞いた認知行動療法について，そのすべてが「完全な治癒」を達成しているかのように思え，気がついたら目の前のケースで「完璧」を焦ってしまっていた，というのはわりとよくあるパターンです。

　クライエントに対しても同じです。すべての変容にセラピストがかかわっておく必要はありません。「なーんだ，M美さん，よくご存じなんですね」，「なるほど，それも1つの考え方ですよね」，「驚きました，そういう奥の手をお持ちだったんですね」など，「あなたはすでに良い手を発揮できている」というメッセージを伝えることも有効です。ブリーフセラピーでは，「変化はすでに生じている」という格言があるようです。参考になります。

Th：もうご想像がつきますね（笑）。そのとおりです，これを先ほどと同じように，今度は，頬でなく首筋に，こう押し当て続けていただいて，よろしいですか。もちろん，今度は無理，と思うのであれば，そう言ってくださって結構ですが。 ポイント14へ

Cl：はい，大丈夫です。

Th：では，そのまま時間とりましょう。（……5分ほど沈黙のまま経過）いかがですか。SUDSでは？ ポイント15へ

Cl：最初は，30か35くらいでしたが，今は，まあ，10でしょうか。

Th：今日，ご自宅に帰ったら，真っ先にシャワーを浴びて洗いたいとか。 ポイント16へ

Cl：（笑）まあ，そんなことは，あまりないですかね，今は。

Th：はい，お疲れ様でした。では，もう7分にもなりますから，終わりにしましょうか。お疲れ様でした。どうですか。

Cl：大丈夫です，今は，もう5点くらいかもしれません。

Th：それはよかった。こういうことを，今生活の中でお困りの症状により関連したことで進めていくのが，ERPなんですよ。できそうですか。 ポイント17へ

Cl：なるほど，先生が何度か，「自然乾燥」とおっしゃっていたことがよく実感できました。頑張ってみようかと思います。

【3回目面接，ご主人と来談。2回目の後半で作成した暫定版不安階層表を確認。】

Th：では，いよいよ本番のERPを始めますね。ご主人には，ホームビデオの撮影係を含め，監視役をお願いしますね。 ポイント18へ

Cl（夫婦で）：はい，お願いします。

Th：では，どうでしょう，これから近所のコンビニエンスストアに出かけます。そして，いろんなお客さんが触れるようなところを，ご持参いただいた手袋で拭き取るようにしていただきますね。まあ，拭き取ると言っても，今日は，なんの汚れもないところにしておきますが。それをビニール袋にしまって，この部屋に大切に持ち帰り，ERPを行ないます。よろしいでしょうか。

Cl（M美）：はい。

Th：ご主人は，お店の営業妨害にならないよう，ちょっとした飲み物でもなんでもいいので，買い物してください。 ポイント19へ

Cl（ご主人）：わかりました。

ポイント14	セラピストは,「十分できる」と見込んでいますが,あえて拒否する選択肢を与えました。「拒否する,の拒否」つまり「やってみる」を,自ら選んでもらっています。機会あるごとに,自分から選んでもらいます。
ポイント15	SUDSによる評定の練習も含めています。
ポイント16	このひと言で,帰宅後の即シャワー,即過剰な手洗い,のパターンが抑制されやすくなります。
ポイント17	ERPがとても身近で,実施しやすいものであることを納得してもらいます。
ポイント18	セッションでのERPは,都合がつけば,このような録画をしていただきます。反射的に余計な手助けをしてしまいがちな家族のかかわりを防止する,という効果も期待できます。(このご主人はそうでもないですが)
ポイント19	自宅でのホームワークに移行しやすいように,細かな配慮を伝えます。

ミニミニコラム:「まちなか同伴型エクスポージャー」のおすすめ

　さまざまな臨床心理学的アプローチのセラピストが参加する事例検討会では,「(クライエントと)100円均一ショップに出かけた」とか,「電車に乗った」と説明しただけで,そのねらい,意図,成果とは無関係に,驚かれたり,あきれられたり,非難されたりすることがあります。筆者らとしてもこのような「アウトドア認知行動療法」をやみくもに推奨するわけではありませんが,まちなかでのクライエントのダイレクトな観察から質の良いアセスメント情報を収集しつつ,エクスポージャーへの抵抗を軽くしてもらう体験をもってもらうことで,宿題(ホームワーク)への取り組みやすさがずいぶんアップすることも数多く経験しています。エクスポージャーを進めやすくするためには,「参加モデリング」(学習者もモデルの活動の中に参加する観察学習で,当然間近でモデルを観察することができるため,学習者の自信も高まりやすい)が有効なのです。

【3回目面接の続き,コンビニで「汚した」ハンカチをオフィスに持ち帰って。】

Th:では,手袋を出していただきます。いよいよ,ERPを始めます。私が「点数は?」と聞いたとき,SUDSを答えてください。あとは,会話をしませんが,それは「汚れ」に集中してもらう,気をそらさないでいただくためです。 ポイント20へ ご主人は,その一連のやりとりを,ビデオにおさめてください。一応,ご自宅で再生して観ていただきますので。

Cl(夫婦で):わかりました。

Th:奥様,では始めます。これから先は,どんなにたいへんでも,中断しないで,ある程度「自然乾燥」が続くところまで,ERPを続けてもらいますが,大丈夫ですね。これから「飛行機は離陸」しますから,「途中下車」できませんよ。本当に始めて大丈夫ですか。

Cl(M美):大丈夫です。

Th:では,まず,フクロから手袋を取り出します。……何点ですか。

Cl(M美):(動作しながら)10点です。

Th:取り出して,しっかりつかんで,そのままはめてください。……何点ですか。

Cl(M美):(動作しながら)20点です。

Th:では,はめた状態で,こうして頬杖をつくように,さきほどあちこち拭き取ってきたところをしっかり頬につけるようにしてください。……何点ですか。

Cl(M美):(動作しながら)30点,いや,40点です。

Th:はい,ではそのまま時間を経過させましょう。……(2分経過)何点ですか。

Cl(M美):(動作しながら)45点です。

Th:はい,ではそのまま経過させます。……(2分経過)何点ですか。

Cl(M美):(動作しながら)45点です。

Th:はい,ではそのまま経過させます。……(2分経過)何点ですか。

Cl(M美):(動作しながら)40点です。

Th:はい,ではそのまま経過させます。……(2分経過)何点ですか。

Cl(M美):(動作しながら)30点です。

Th:はい,ではそのまま経過させます。……(2分経過)何点ですか。

Cl(M美):(動作しながら)20点いや,15点です。

Th:はい,ではそのまま経過させます。……(2分経過)何点ですか。

Cl(M美):(動作しながら)10点です。

Th：はい，ではそのまま経過させます。……（2分経過）何点ですか。

Cl（M美）：（動作しながら）10点です。

Th：はい，お疲れ様でした。よくできましたね。ばっちりです。

Cl（M美）：はあ，でも，なんか，やれば，できちゃうものですね。「放物線」とか，「自然乾燥」とか，そのとおりでした。

Th：お疲れになったことでしょう。体調とかはいかがでしょうか。

Cl（M美）：いや，大丈夫です。むしろ，何か，気持ちが軽くなったようにも感じます。

Th：よかったですね。第一段階，クリア，です。念のために，と時間を確保しておいたので，時間が余りましたが，どうしましょうか。せっかくの，ERPのための題材もありますし。もし，できそうであれば，ですが，今度は頬ではなく，唇に，ではどうでしょうか。口の中ではなく，唇に押し当てるのです。 ポイント21へ

Cl（M美）：えー，同じことを，唇に，ですか。

Th：まあ，そういうことです。難しそうであれば，次にまわしてもかまいませんが。

Cl（M美）：うーん，でも，せっかくですから，やってみます。頬より嫌ですが，今なら，やれるような気がします。

ポイント20　セラピストはERPの間，必要最低限の声かけとします。ふつうは，SUDSの確認です。多少，表情がゆがむようなことがあったり，呻き声があっても，原則としてなるべく反応しないこと。ここでクライエントには，セラピストではなく，自分の中にある回避の衝動と向き合ってもらいます。そのことを事前にお伝えしておくとよいでしょう。普段はおしゃべりなセラピストが急に無口になると，気になるものです。

ポイント21　1セットのERPを達成すると，多くのクライエントには，高揚感が生まれます。そこでもし時間があれば，同じやり方ですが，やや刺激度を上げたERPを提案してみます。ただし，くれぐれもハードルを高くしすぎず，セッションの残り時間にゆとりがあることを確認してください。

このケースのその後の展開

この直後の，唇のERPも，むしろ頬のERPと同じかそれよりも速やかなくらいにSUDSが低下し，3回目の面接は，同じく「手袋やハンカチを，いろいろなところで汚して（具体的に汚すわけではないが），それを頬，唇，首筋，脇の下，髪の毛，などに押し当てる」ERPを，繰り返してもらった。その次には，クライエントの近所の総合病院近くのコンビニ，薬局などで待合の手すりなどで「汚して」，さらに，病院の各科の待合で（「血」や「体液」のイメージが薄い眼科などから始め，最後には産婦人科，検診科の待合で「汚した」）ガーゼで，進めていくことができた。また，家族への巻き込みも段階的に軽くし，帰宅後の手洗いも，徐々に"雑"にしていくことに成功した。息子を自分で小児科に連れていくこと，小児科のお手洗いを使うこと，汚したくない家庭の中にあるさまざまなものに触れることもできるようになった。約8か月後には，「気になる感覚は残っているものの，生活の中の回避は無くなった」ということになり，1年2か月後では，Y-BOCSが，ご主人同席の場で確認しながら評定したところ，10点以下であることが確認された。翌々年，第二子を無事出産したが，「神経質なところは残っているけれど，上の子のときのようにはならずにすみそう」という連絡が届いている。

ミニミニコラム：強迫「観念」に対する介入は？

　ERPによる改善が見込まれるクライエントの場合では，あえて「強迫観念を完全になくすことはできない。ただし，強迫行為を減らせれば，強迫観念への苦痛がかなり緩和される」と説明します。

　続けて，「健康な人でも，ばかげた考え，意味のない想像を頭に浮かべつつ生活していること」，「頭に浮かんだことを追い払おうとすればするほど，頭の中にこびり付くものであること」，「追い払うのを諦め，放置できれば，つきまとわれなくなるものであること」などをお伝えします。続けて，よく知られた「シロクマの実験」（まずシロクマを思い浮かべ，次に「シロクマをいっさい浮かべないように」と指示されるが，すべての被験者は，ほんの数十秒の間でも「浮かべない」は無理であることに気づく）を体験してもらうのもよいでしょう。

　強迫観念があっても強迫行為をとらえきれず，ERPに展開できない（しにくい）強迫性障害もあることが知られています。この場合は，生活しやすくする対処を具体的に考案し，洗練させていくことになります。

共著者からみた「ここがいいね！」

　まず，ポイント1にある，ERPの導入を「無理強いしない」はたいへん重要な手続きですね。ERPは，クライエントのモチベーションとレディネスをしっかり見極めた上で導入するのが鉄則です。多少誇張した隠喩ですが，骨董屋さんのように「お客さんがどうしてもっていうのなら……」と隠れた逸品を店の奥からしぶしぶ出してくるという雰囲気でERPを紹介するようなこともあるくらいです。

　また，神村さんはポイント3で生活妨害感に焦点を当てていますが，この点も重要ですね。強迫性障害のCBTに不慣れなときは，どうしても強迫観念をきれいになくしたいとセラピストは考えてしまいます。しかし，そこに固執すると，まさに「強迫的なCBT」に陥り，クライエントとともに迷走することになります。ERPの最も重要な点は，儀式化された強迫行為をしっかり抑制することにあります。したがって導入期にクライエントとしっかり共有しておきたいことは，強迫観念でどんなに不安なのかという点ではなく，強迫行為でどれだけ日常生活が困窮しているか，それがなくなることで，どれだけ生活が楽になるかという生活妨害感についてです。多くのクライエントは，生活が困窮していても，「不安がなくならないので，行為を止めることはできない」という気分→行為というロジックに陥っています。しかし，生活妨害感にしっかり注目させることで，「なんとかこの生活から抜け出すのだ」という現実的な視点をもち，ERPに取りくむ勇気をもつことができるようになります。

　次はERPの実施にあたってですが，上記のようなしっかりとしたレディネスづくりができていれば，テクニック12にあるようにセラピストは「無理と思うのであれば，……（後半のダイアログでは「本当に始めて大丈夫ですか」）」と言っているのに，クライエントは「大丈夫です（拒否することを拒否する）」という構図を作り出すことができます。こうなれば，ERPのその後の展開はある程度期待がもてますね。ところでこの構図は，一見すると，クライエントの単なる前向きな態度を示しているようにみえますが，もう少し複雑です。つまり，①導入期にセラピストはERPの有効性は説明するが，決して積極的にはすすめない。むしろ，「中途半端な気持ちで始めるのはやめたほうがよい」と断言する。②覚悟が決まり，どうしてもと言うならお手伝いしますと伝えて，じっくり考えてもらう。③クライエントが「よろしくお願いします」と言ってきても，もう一度くらいは「本当に大丈夫ですか」と慎重さを示す……というようなプロセスを経て出来上がっている構図といえます。つまり，もうこの時点ではクライエントは「辛いからやめます」と言えない局面に立っている（立たされている？）わけですね。少々意地悪な言い方に聞こえるかもしれませんが，ERPを完遂していくためにとても大切なレディネスなのです。

テクニック2の3 行動活性化のコツ

基本のおさらい

①行動活性化とは

　行動活性化療法とは，うつ病のクライエントによくみられる活動抑制や嫌悪体験からの回避に焦点を当て，それを引き起こしている文脈における気分と行動の悪循環を断ち切り，クライエントが本来望む目的に沿った行動を促進・拡充することによって，自発的行動の随伴性を再認識し，自らの行動は自分が本来望んでいる結果に結びついていくのだという効力感を回復していこうとするアプローチです（熊野・鈴木，2011）。

②行動活性化療法の手順

　まずは，クライエントの生活場面で習慣化されている嫌悪体験からの回避のパターンを明らかにしていきます。どのようなきっかけで（Triger），どのような反応（苦痛）が生じ（Response），その苦痛から逃れるためにどのような回避行動を選択しているか（Avoidance Pattern）を明らかにします（頭文字をとってTRAPという）。

　また，活動記録表を用いながら，クライエントが何気なく行なっている生活行動が，苦痛からの回避なのか，価値への接近行動なのかを振り返り，それらの行動がその後の気分にどのような影響を及ぼしているかをチェックしていきます（Access）。そして，TRAP分析を踏まえながら，クライエントが回避している場面において，回避を選択せずに，クライエントが本来望んでいる結果につながるような接近行動（価値への接近行動）を選択できるように促していきます（Choose）。また，価値への接近行動を実行してみることで，気分にどのような変化が生じるのかを実験的に観察するとともに（Try out），そのような取り組みを生活場面に繰

り返し取り入れていくことを通して（Increase），自分の生活状態がどのように変わっていくのかを振り返っていきます（Observe）。このような取り組みを進めていく過程では，体調の悪さからうまく行動遂行ができないこともあるかもしれませんが，決してあきらめないようにします（Never give up）。この一連のプロセスを頭文字をとってACTIONといいます。

セラピストは，このTRAP→ACTIONへのプロセスを促進するために，クライエントの生活行動の詳細な行動分析を行ないながら，どのような環境調整や課題選定，あるいはポジティブフィードバックが有効であるかを吟味し，サポートしていくのです。

```
Trigger           → 嫌なことを思い出させるようなテレビや新聞の記事を目にする
Response          → 情けない自分を思い出して気分が落ち込む
Avoidance Pattern → 布団をかぶって寝てしまう
                            ↓
Access        → ふて寝していることで，さらに気分が落ち込み，何もできずに
                 １日が終わってしまうという悪循環になっていることに気づく
Choose        → 自分の殻に閉じこもるのではなく，今，何ができるのかを考える
Try out       → 「やるのか」「やらないのか」で悩むのではなく，「できるところ
                 までやってみる」
Increase      → 日々繰り返して，体験を蓄積する
Observe       → 行動を起こすことで，気分や考えにどのような変化が生じるかを
                 観察する
Never give up → 思い通りにならないことがあっても，投げ出さずに，できるとこ
                 ろまでやる
```

図 2-3-1　行動活性化療法の流れ

▶ケースの概要

【症　例】　46歳，男性，会社員（休職中）。

【主　訴】　何もする気がしない，嫌なことばかりが頭に浮かぶ，この先どうなってしまうのか不安。

【問題の経過】　２年前に職場で新しいプロジェクトに参加することになった頃から忙しくなった。体力的にはきつかったが，同僚と連携しながらやりがいのある仕事に取り組んでいる充実感はあった。しかしその後１年が経過する頃に上司が交代になり，仕事の方針が大きく転換した。個人の責任が厳しく追及されるようになり，同僚との関係はギクシャクし，仕事の負担もさらに増加して深夜

までの残業や休日出勤があたりまえの生活になった。そのような時期に，仕事上のトラブルや職場の人間関係から，焦りや不安が強くなり，夜寝つけない日が多くなった。朝の出勤準備が滞るようになり，家を出ようとするがなかなか気持ちの踏ん切りがつかず，半休してしまう日も増えていった。このような状況を背景として，上司から叱責されることや仕事上のミスがさらに増え，うまくやれていないことへの焦りや不安から，出勤することがさらに怖くなる，出勤しても仕事に集中できない，家でも仕事のことばかり考えてしまうという悪循環が続いた。当初はプロジェクトが一段落すれば体調もよくなるのではと考えていたが，妻の強い促しもあり，精神科受診となった。

　受診後，うつ病と診断されて抗うつ薬が処方された。会社は3か月間休職することになった。家での静養と薬物療法により，気分の落ち込み，焦り，不安などはある程度落ち着いてきた。しかし，家では何もする気が起きず，ゴロゴロして1日過ごす，調子の悪い日は布団でふさぎ込む，その一方で今後の仕事や人生のことを考えると焦りばかりがつのるという状態であった。主治医のほうからは，生活リズムの立て直しや散歩などの軽運動をするように言われているが，なかなか実行できずにいた。そこで，生活リズムの立て直しをねらいとして認知行動療法の導入となった。

【現在の状態像】　朝は娘が学校に出かけた後に妻に促されて起床。食事を済ませた後はリビングでボーっと過ごす。体調の悪いときは再び布団に戻るような状態。昼食後，調子の良いときは散歩などの外出ができるときもあるが，ほとんどの日はテレビやネットサーフィンなど家の中で過ごすことが多い。このような生活が続くことや今後の人生についての焦る気持ちがつのるが，一方で，職場に復帰することへの不安感や自信のなさに押しつぶされるような圧迫感を感じている。強い希死念慮は認められないが，否定的な考え方の反すうや活動抑制は顕著であり，生活リズムの立て直しのきっかけがつかめない状態であった。

【セラピーの方向性】　まずは生活リズムを立て直していきながら，基本的な生活行動に対する自信を取り戻し，それを足がかりにしながら復職に向けた具体的な準備を考えていくことを目標とした。

▶回避のパターンから抜け出し，行動遂行につなげるコツ

> うつ病のクライエントの多くは，「調子の良いときはやる，調子の悪いときはやらない」という症状ありきの生活になってしまいます。このような症状ありきの生活は，病気に振り回されている感覚を強めるだけで，行動に対する統制感や効力感を回復することにつながりません。まずは，基本となる生活リズムをつくっていくことが最初の課題になります。

[1日の過ごし方を聴取した後で……]

Cl ：調子の悪いときは，「あ～，今日は無理だな」とはじめから決めているところがありますね。調子の良いときは，「散歩してみようかな」とか「たまには妻の買い物につきあうか」という気分になるのですが，いざ家を出ようとすると，「近所の人に会いたくないな」とか「会社休んでブラブラしているのもまずいんじゃないか」などと考えてやめてしまうんです。

Th ：その後は，どんなパターンになるんですか？ ポイント1へ

Cl ：結局，家でゴロゴロになってしまうんです。でも，ゴロゴロしている自分に辟易したり，職場のことを思い出して悶々としたり，いつまでこんな状態が続くのかなって考えてすごく落ち込んだり，こういうのってよくないんですよね～。

Th ：要するに，出かけるそのときは，「出かけた先で嫌な気持ちになるくらいなら，家にいたほうがいい」と思ってやめるんだけど，家にいたとしても決して安らかなわけではなく，むしろ辛い気分になるということですね。
ポイント1へ

Cl ：はい。どっちにも安らぎはないというか，気持ちが折れてしまっている感じです。

Th ：本当は，どのようにできたらいいと思いますか？ ポイント2へ

Cl ：そりゃー，ある程度きちんとした生活リズムで過ごせて，外出もできて，少しずつでも「この調子でいけば，復職もできるかなー」というような見通しというか，自信というかをつけていきたいと思いますよ。

▶ポイント解説

> 生活リズムの立て直しのポイントとして重要なことは，クライエントが取り組む活動目標を「基盤となる生活行動」「リハビリとして取り組む生活行動」「社会（職場）復帰に向けた準備行動」など，活動レベルの異なるいくつかの行動を階層構造をイメージして分類し，その日の調子に応じて階層を上下しながら生活するとよいでしょう。こうすることで，自分の調子に見合った活動調整ができるようになるとともに，調子が悪いときも「まったく何もしない」というパターンから脱却することができるようになります。
> また，生活リズムを立て直していく段階において，行動活性化療法を活用することが効果的です。

ポイント1 クライエントの生活で習慣化されている活動抑制や嫌悪体験からの回避のパターンを詳細にアセスメントしていきます。そして，クライエントが習慣的に行なっている苦痛からの回避が，その後の状態にどのような影響を与えたかを整理し，一時的な苦痛の低減に効果的だと思っている方法は，結局のところその後の自分の状況を改善していくことには何も役に立たないのだということをクライエント自身が理解できるように説明していきます。

ポイント2 クライエントは，回避を心から望んで選択しているわけではありません。「本当は，こうしたい」という目標があるのですが，うまくやれる見通しが立たなかったり，それを実行するときに予想される困難や苦痛に耐えられないような気がするがゆえに，仕方なく回避を選択しているのです。しかし，回避することで一時的に不安や苦痛は低減するので，それが負の強化子となり，回避行動は強固に習慣化していきます。したがって，クライエントが本来どのような望みをもっているのか（価値），それを達成するためにどのような行動が役に立つのか（価値への接近行動））を明確にしていくことが大切です。

Th：そう思うが，やれないのはどうしてでしょう？ ポイント3へ
Cl：さっきも言ったように，気持ちが折れてしまっているというか，「わざわざ嫌な思いしてまで……」と思ってしまっているところはあると思います
Th：でも，家にいても結局……。
Cl：確かにそうですね……。 ポイント3へ
Th：調子の悪いときのことも少し整理してみましょう。朝，布団の中で「今日はダメだ」と思った後はどう過ごしていますか？
Cl：布団かぶってしばらく悶々としています。
Th：どんなこと考えてるんでしょう？
Cl：やっぱり同じです。ダメな自分に辟易したり，職場のことを思い出して悶々としたり，いつまでこんな状態が続くのかなって考えてすごく落ち込んだりしています。
Th：まったく動けないくらいに？ ポイント3へ
Cl：動けないというより，動きたくないんでしょうね。自分の殻の中に閉じこもっていたいというか，動くともっと気分が悪くなるような気がするような……。
Th：殻に閉じこもっていると楽になってくるんですか？
Cl：まあ，そういうときもあるんですが，その逆のことも結構あります。何もできない，ちっともよくならない，怠惰な自分を目の当たりにするのがつらくなって，のそのそ起き出して，リビングのソファーに行って，またボーっとするという感じです。
Th：つまり調子の悪いときは，「動けない，動きたくない」と思ってじっとしているけれど，そうすることは，かえって自分の調子の悪さを目の当たりにすることになり，「つらさから逃れる」ことには役に立っていないということですかね？ ポイント1へ
Cl：そんなに冷静には思えないのですが，そう言われれば，そうなるのかもしれません。
Th：少しまとめてみましょう。今の生活では「嫌だな」とか「つらいな」という気持ちが生じたとき，そのような気持ちから逃れるために，外出をやめてしまったり，布団をかぶっていたりする。つまり「気分」が「行動」を決めているパターンのようですね。 ポイント3へ しかしそのことは，あなたの中では「そうするのがよいこと」「仕方のないこと」と理にかなっている。でも，こうして冷静に振り返ってみると，そのようにして選んだ選択肢は，決してあなたを楽にしていない。「何もできていない自分への絶望」「いつまで続くかわからない調子の悪さへの不安」を強めてしまい，結局，次の具合の悪さをつくり出してしまっているのかもしれませんね。 ポイント1へ

ポイント3 行動活性化療法の最も重要な点は，クライエントの苦痛の緩和を直接的な目標にしないということです。うつ病患者は生活場面での苦悩を繰り返し訴え，その苦痛がゆえに活動的になれないと思っています。これらの訴えにセラピストがステレオタイプに対応しようとすれば，「まずはクライエントの苦痛を少しでも取り去ることが第一」という方針に帰着してしまいますが，この方針はうまく展開しません。なぜなら，クライエントにとって苦痛を軽減する最も効果的な方法は「回避」であり，その行動を選択することで短期的には目的が達成されていますので，わざわざコスト（心理的・身体的負荷）のかかる別の行動を選択することはしないのはあたりまえのことといえるでしょう。したがって，行動活性化療法では，苦痛の緩和を目標とするのではなく，「気分（苦痛）」→「活動抑制（回避）」というクライエントの論理から抜け出し，「行動（体調にとらわれずに活動してみる）」→「気分（悶々とした時間からの脱却）」を目標とするのです。

ミニミニコラム：環境を変えるためには？

　気分障害の改善に，「環境を変えてみる」ことが有効であることに異論はないでしょう。では，「環境を変え，見方を変える」ために最も手っ取り早い方法は何でしょうか。
　答えは，「自分から動いてみること」です。同じ面接室の中でも，椅子の上にあがったり，寝転がってみたりするだけで，見え方が全然違ってきます。物理的環境を変えるのは，とてもコストがかかります。しかし，自分から動いてみることはとても経済的です。もっと経済的なのは，「みずからは動かず受け止め方を変えること」でしょう。しかし，実際にはこれは難しい場合が多いでしょう。結論として，「活動を計画してその結果を調べてみること」は，うつを改善させる手段としてコストパフォーマンスと難易度のバランスがよい，といえそうです。

テクニック2の3　行動活性化のコツ

一方，「気分」→「行動」のパターンが出来上がってしまっているので，「外出したら，本当に嫌な経験ばかりなのか」「調子の悪いときに動くと，本当につらさが増大するのか」について，イメージは膨らむけど，実際のところどうなのかは？？？ですよね。 ポイント4へ

Cl：まあ，そうですね。負け癖がついているというか……やる前から白旗をあげてるところはあると思います。

Th：でも，そこには出口はない。どんどん自信が低下するだけで，あなたが本当に進みたい方向，すなわち，「ある程度きちんとした生活リズムで過ごせて，外出もできて，少しずつでもこの調子でいけば，復職もできるかな〜というような見通しや自信をつけていくことにはならない。一方，もし「まあ，多少嫌なこともあるかもしれないが，1日1回くらいは外に出るようにしよう」とか，「体調が悪くて気分も最悪だが，まずは起き上がって，着替えることころまでやってみよう」というような取り組みは，あなたが望む方向にとってどうですか？ ポイント4へ

Cl：それは役に立つと思いますが，問題はそれができるかどうかですね。

Th：できるかどうか……という考えは「気分」→「行動」という罠にはまっている状態。うまくやる必要はない。やれるところまでやる。やってみてどうだったかを体験することが大切。 ポイント5へ　そうしていくことによって，行動することで気分が変わるという「行動」→「気分」のよい循環をつくっていけると思います。自信がつくから行動できるのではなく，行動していくことで自信がついてくることを忘れないようにしましょう。

ポイント4 患者の調子の良し悪しにあまりとらわれずに，その場で患者が本来望んでいる目標（たとえば，「生活リズムを立て直す」）に沿った行動（たとえば，「まずは着替える，家を出てみる，近所を散歩する，ジムに行く」）をできる範囲で実行していくことが自分にどのような変化を与えてくれるのかについて，「頭で考える」のではなく，体験を通して理解するという実験的なアプローチにチャレンジしてもらえるように促していきます。

ポイント5 価値への接近行動への動機づけが高まってきても，クライエントには「うまくできるだろうか？」「やってみてつらい思いをするのは嫌だ」という躊躇する気持ちが常につきまといます。そこで，この取り組みはあくまでも「行動実験」であり，うまくやることが目的ではなく，新しい取り組みをすることで自分の思考や感情にどのように変化したかを確認していくことが目的であることを強調しましょう。またセラピストは，活動記録票を用いながら「行動」→「気分」の関係性を丁寧に面接で取り上げて，クライエント自身が自らの行動の随伴性を再認識し，価値への接近行動が自分が本来望んでいる結果に結びついていくのだという効力感を回復していけるようにすることが大切です。具体的には，1日の大まかな活動計画を立てるとともに，その遂行を記録し，そのときの状況や気分をセルフモニタリングさせる。さらに，その記録を面接において振り返りをしながら，積極的にポジティブフィードバックを行ない，自発的な行動の遂行と達成感の経験を促進していくようにします。

▶ このケースのその後の展開

このクライエントは，その後，「起床後，着替えて食事をする」「起床後は布団には戻らない」「少なくとも1日1回は外に出る」などを最初の目標として取り組みはじめた。行動記録票を通して行動と気分の関係性について丁寧な振り返りを行なっていくと，「動きはじめる前は億劫でも，動きはじめてしまえばそこそこできる」「外出して気まずい思いをすることもあるが，むしろ気分転換になるというメリットのほうが大きいかもしれない」「自分が少しずつでも前進しているという実感がもてるようになった」などの感想が聞かれるようになった。その後も取り組み課題を段階的にレベルアップしていき，生活リズムに関してはある程度問題なく過ごせるようになった。そのこともあり，復職準備に向けた集団認知行動療法プログラムへの参加を希望され，個人セラピーは終結となった。

共著者からみた「ここがいいね！」

　認知行動療法にもいろいろなアプローチがあり，時に，「行動活性化か先か認知再構成が先か？？」といった議論があります。個人的には，行動活性化に始まり，適度に認知再構成が挟まるものの，最終目標もやはり行動活性の安定化じゃないか，と思います。

　ただし，認知反応（ここでは認知「内容」も認知「機能」も区別せずにですが）が変わることは行動活性化を大いにアシストします。うつの反芻(はんすう)（depressive rumination）などと呼ばれているようですが，自分で自分の足をひっぱる「抑うつ的強迫観念」みたいなものが，ぽこぽこと湧きやすくなることがうつをより深めます。代表的なのは，「どうせ……」あるいは「どうして……」で始まる，内言。そして，「心が折れた」などの，「喩えのはずが喩えですまなくなる」マイナスの修辞。それにいちいち煩わされなければいいので，これらの反芻をセラピストが「取り上げすぎない」のもコツかと思います。森田療法ではシンプルに，「不問に付す」とかいうらしいですが。

　ポイント3では，具体的なことに焦点が向けられています。こういうちょっとした視点操作，話題転換も，重要なセラピスト・スキルですね。CBT関連を含めてあまりテキストには紹介されませんけど。クライエントの反応にある回避の側面に気づき，「回避への依存症状態」にどう手を打てるか，というブレない姿勢がないと，セラピストまでクライエントのうつ気分に流されてしまいます。うつに「寄り添っている」のか，「いっしょに抑うつ的になっている」のかわからない症例報告も，残念ながら目につきます。

　このクライエントのような，まさに，「できるだけ後悔したくない」という「後悔する事態からの回避」に対して，ポイント5にある「実験ですから」という提案が決め手となっています。そして実験するにも計画が必要，ということで，活動記録の活用へと展開するわけです。

＜文　献＞
マーテル・アデュス・ジェイコブソン（著）熊野宏昭・鈴木伸一（監訳）2011　うつ病の行動活性化療法　日本評論社

テクニック2の4 生活の中の刺激反応の連鎖をとらえるコツ
──衝動的行為（パチンコ依存）の再発防止のコツ

基本のおさらい

①依存（症）の問題とは？

　依存の問題は，物質（薬物）依存とプロセス（行為）依存に大別されます。いずれも，ある行為をしたい，という「接近」の衝動が問題の中核です。その衝動が求める行為をとることで，衝動が高まった苦しさ（せつなさ）を伴う内的状態が速やかに収まります。この衝動の速やかな収まり（マイナスの気持ちの解消）が，嫌子消失による強化（負の強化）となります。つまり，それ以降，衝動が自覚された際の行為を出現しやすくします。

　プロセス依存では，ギャンブル依存，買い物依存，インターネット依存などがその代表格です。触法的プロセス依存には，盗癖（万引き症），放火癖，窃視癖，などがあります。性に関する問題行動は「パラフィリア（つまり異常性欲）」と呼ばれ，加害や無理強い，小児が対象となる場合などは，より深刻です。

②プロセス依存（特に病的ギャンブリング）への認知行動療法

　以下では，ギャンブル依存の中でも，我が国に固有の，事実上のギャンブル（法的には風営法扱い）である，パチンコ（パチスロも含む，以下同じ）についての解説となります。しかし，他のプロセス依存への介入にも参考になるはずです。

　テクニック1の2で扱った習慣的自傷行為と同じく，パチンコ依存への認知行動療法は，「衝動制御パッケージ」（p.14，コラム1参照）に沿って行なわれます。

　まず確立操作による介入（刺激性制御）が基本です。パチンコへの衝動が刺激される頻度を落とすことができるように，パチンコが「巣くってしまった」生活状況を具体的にチェックし，変化させることができそうなところから進めていきます。パチンコをしにくくなる状況を，徐々に調整していくのです。

そのためには，クライエントの日々の生活における「刺激状況」を，できるだけ詳しくうかがいたいものです。なおここで，引き金（トリガー）になる刺激は，本人の外界だけではなく，心の働きの中にも存在するという前提に立つとよいでしょう。

　認知行動療法の実践における刺激状況とは常に，「モノ・ヒト・ココロ」の３領域となります。つまり「本人を取り巻く物理的状況」，「本人を取り巻く人間関係とのやりとり」に加え，「本人の心の中に生じる刺激」から刺激をとらえていくべきです。

　パチンコ行為につながりやすい，物理的刺激，人間関係的刺激に加え，考えやイメージ，身体感覚（いわゆる，「身体がうずく」反応）もきっかけとなる刺激です（表2-4-1）。

　面接の中で，それらについて丁寧に情報収集することで，介入手続きのヒントが得られやすくなり，かつ，クライエントが自らの生活をセルフモニターするスキルも高まります。自らの生活を，刺激反応の連鎖としてとらえるスキルが高まることは，依存の問題に限らず，認知行動療法の成果を高めるためにとても重要です。

表2-4-1　パチンコ行為につながりやすい「モノ・ヒト・ココロ」の引き金

モノ……店舗，店舗の賑わいや音，広告，携帯端末への情報，臨時収入，空き時間
ヒト……ギャンブル仲間からの情報や挑発
ココロ…ストレスや疲労感の蓄積，身体感覚，台の「大当たり」時のイメージ

③生活の中で症状をとらえる

　現在国内の大半のパチンコ店は，年中無休で，朝の９時頃から夜の11時頃までの営業となっているようです（条例により異なる）。パチンコ依存者は，off日型（ほぼ休日に集中する）とon日型（仕事のある日の仕事帰りまたは仕事の合間），曜日無関係型（仕事等の日課と無関係，無職のため事実上日課が無い場合を含む）に分かれます。無関係型には，依存の程度の重い人が多いようです。

　面接に家族が同席しているときだと，どの時間帯に店に入るのか，それがどの程度の頻度なのかを，正直に報告しない（できない）場合がよくあります。借金や職場での横領など，よほど深刻な事態でもない限り，正確な情報収集のために，本人だけの面接の時間も確保し，通常は情報を漏らすことはないと約束した上で，依存の状況を確認する必要があります（ただし，できるだけ早い時期に，家族に正直に打ち明けることを促し，家族には協力者になってもらうのが望ましいのですが）。

　パチンコやその他ギャンブルに限らず，依存症は，もともと健康で社会的にも十分機能できる資質を持った人を「大嘘つき」にしてしまう精神障害です。「性格が根本のところで歪んでいるからギャンブルに走り，嘘をつく」ではありません（そうとらえるべきです）。障害特有の苦しさから，ついつい嘘をついてしまうのです。

彼／彼女らの支援においては常に，本人の報告には嘘が含まれる可能性が他の問題の場合よりも圧倒的に高い，という構えが必要です。

生活パターンの中にどう依存がはびこっているのかを調べるために，通常は，図2-4-1に示したような，1週間の活動の時間と内容を記入できるシートを用いるとよいでしょう。アセスメントのための面接では，得られた情報を活動記録表の書式に書き込み，徐々に，宿題として記入してきてもらうようにするのがよいでしょう。

記録としては，パチンコに費やした時刻（開始と終了の時刻），そのときのお金の収支，が最低限必要ですが，その他に，勤務時刻，帰宅時刻，その他の活動などについて情報を集め，記入を求めます。病的なギャンブラーには，とても几帳面に勝ち負けの記録をとっているタイプと，逆に，悲惨な結果から目を背けたいがためか，ギャンブルの結果を次から次へと記憶から無くす習性が強いタイプが含まれます。

日付	月 日 (月)	月 日 (火)	月 日 (水)	月 日 (木)	月 日 (金)	月 日 (土)	月 日 (日)
予定							
目標							
気分							
〜12:00							
〜16:00							
〜20:00							
〜就寝							
6:00							
7:00							
8:00							
9:00							
10:00							
11:00							
12:00							
13:00							
14:00							
15:00							
16:00							
17:00							
18:00							
19:00							
20:00							
21:00							
22:00							
23:00							
0:00							
1:00							
2:00							
3:00							
4:00							
5:00							
6:00							
補足							

図 2-4-1　活動記録表

④パチンコ依存者の「し・て・から」

　パチンコ依存者は,「しばらくしていない『し』」,「ストレスたまってきた『し』」,などといった,『し』で終わるような,やりたい気持ちの高まりをしばしば経験します。そのような『し』が蓄積した中で,「パチンコ店の宣伝情報を目にし『て』」,「職場のパチンコをよくする同僚から勝った話を聞い『て』」,「臨時収入が入っ『て』」,「予定外に仕事が速くすんで帰宅予定まで時間が余っ『て』」などの,『て』で終わる出来事がきっかけになります。

　ギャンブルをやめなければならないとは強く思っているので,何か罪悪感を薄めるような,考え方,つまり言い訳が必要です。「運だめしにすぎない『から』」,「他に趣味はないし,同僚のようにゴルフ等でお金をつかってはいない『から』」,「親もギャンブル好きで遺伝だ『から』」,「ストレス溜めると身体にもよくない『から』」といった「言い訳」を浮かべ,お店に入る,という流れがあります。

　筆者は,これらを,「し・て・から」と命名し,①過去のパチンコ通いを振り返って,「し・て・から」の流れを同定する訓練,②毎日の生活の中から,「し・て・から」が生じやすいパターンへの意識づけを強め,③将来,どのような「し・て・から」で再発が起こると予想できるかを考えてもらう,という要素を,セラピーの中に盛り込むことにしています。

▶ケースの概要

【症　例】 R夫さん，34歳。会社員（営業）。独身。元来明るく活動的な性格。有名私立大学を卒業して大手の商事会社に就職。外交的なほうだが，遊びの相手が徐々に減るにつれパチンコ通いが多くなり，28歳頃から，借金を重ねるようになった。

【家　族】 父親（64歳，無職，もともとは公務員），母親（63歳，無職），姉（4歳年上，結婚して家を離れている）との4人暮らしで生まれ育ち（地方中規模都市），大学から大都市圏で独り暮らし。女性との交際の経験はあるが，いずれも借金のことを正直に伝えることができなかったせいで，別れてしまった。

【問題歴】 小中学校，あるいは高校でも，活発で，友人関係も良好。クラスの中でも目立つほうだった。じっとしていることが苦手で，刺激を求めるところがあった。

　大学では，「ゆるい」活動の中で交際相手を見つけることが事実上の目的といえるようなサークルに属し，さまざまなアルバイトも経験した。仲間からは，「世渡り上手」と表された。暇なときをのんびり過ごすことが苦手で，大学入学後に先輩から誘われて覚えたパチスロに，大学3年の頃からはまり始めた。4年の春に満足できる就職の内定を受けてから卒業までの1年間で，海外旅行や語学の研修と嘘をつき，親から80万円を超える借金をつくってしまった。

　就職してからは，本格的にやめようとしたが，2か月間のハードな研修が終わった後すぐに元に戻ってしまった。就職して7年目，一度は「結婚を前提に付き合っている」と紹介した女性と別れた理由を，両親から追及されたことがきっかけで，500万円を超える借金を両親に肩代わりしてもらった。このときに正直に言えないまま残っていた50万円近い借金の残りを自力で返済しようとする中で，再びパチスロをするようになり，来談時には再び，200万円を超える借金ができてしまっていた。

【現在の状態像】 来談の半年前に，お酒に酔った中で自殺をしかけたことがある（飛び降り）。かろうじて直前に思いとどまったが，悩んだ末にドアを叩いた職場のカウンセリングサービスでは，「中程度の抑うつ状態」と伝えられた。借金の返済のため経済的に苦しいこと，女性との付き合いや家庭を持つという目標を持てないこと，かつての遊び相手はそれぞれ身を固め，遊び相手もなくパチスロをしないと時間をもてあますこと，という現状からくる悲観は根強かった。

▶問題を日々の生活の中の刺激反応連鎖の中でとらえるコツ

> 症状は，クライエントの生活の中の困難や苦痛として具体化してきます。その苦痛や困難を，「心の奥底からわき上がる」ではなく，「さまざまな刺激によって引き出される習慣的反応の連続」として，とらえていくことが有効です。

【本人の表現では「ギャンブルによって大きく道を外れた人生」となる経過をひと通りうかがったところで……】

Th ：さて，最後にスロットでお金を使ったのは，いつになりますか。 ポイント1へ

Cl ：えーと，先日の金曜日，になりますね。負けましたけど。2万円近く。

Th ：そうでしたか。その日のことを思い出してください。金曜日，お仕事がありましたね。お店に入った時刻とか。帰宅途中に立ち寄ったのでしょうか。 ポイント2へ

Cl ：はい，いつもの◯◯（パチンコ店の名前）です。会社を出たのが，19時少し前でしたね。帰宅せずそのままでした。アパートに帰っても別にすることなかったし。

Th ：その日は朝から，「今日は◯◯によるぞ」って，決めていたのですか。最近では，2，3千円しか，お財布に入れておかない，ということでしたが。 ポイント3へ

Cl ：その日の朝は，まったくそのつもりはありませんでした。財布の中には2千円もありませんでしたから。実はその日，先月の出張経費立て替えの精算があり，2万円近く戻ってきたのです。精算は週明けだと思っていたのですが，経理の方の年休の都合で，金曜日に現金で支給を受けたんです。

Th ：まさに，臨時収入ですね（笑）。 ポイント4へ

Cl ：そうです。まあ，立て替えていた分が戻ってきただけですけど。

Th ：ギャンブルの問題を抱えている方にとって，臨時収入は危険ですね。ともかく，2万円近くの現金を手にしたら，即，頭の中で，ジャグラー（パチスロの機種の名前）が回り出した？（笑） ポイント5へ

Cl ：いいえ。もらった直後は単に，「ラッキー」くらいの気持ちでした。

▶ポイント解説

　認知行動療法には，行動変容の技術だけでなく，問題行動がどのような刺激反応の連鎖でできているのか，ということをより具体的にとらえるアセスメント技術が含まれます。刺激と反応の連鎖が活き活きととらえられるだけでも，その「望ましくない」連鎖の頻度は低下し，より「ましな」連鎖へと，置き換えられやすくなります。

　刺激反応の連鎖を丁寧にとらえることは，料理でいえば，"材料の下ごしらえ"にあたるでしょうか。順調に展開している認知行動療法の事例報告に対して，「セラピストの熟練」あるいは「軽症の事例であった」との説明で納得したがる専門家もいます。しかし，それではトレーニングになりません。問題行動を刺激反応の連鎖としてとらえる下ごしらえは，よく工夫されたアセスメント面接で達成できるのです。

ポイント1　クライエントの生活の中に入り込んでいる症状を，詳細かつ具体的にうかがっていくには，最新の問題行動出現エピソードを想起してもらい，そこから確認していくのが基本です。セラピスト側に，問題の根本原因を探ろうという態度が強すぎると，これまでで最も悲惨だったエピソード，問題が始まったときなど，遠い過去から聞いていきたくなりがちです。より鮮明かつ正確な情報を集めていくためには，現在の状況が必要です。また，改善は，現状が出発点となります。

ポイント2　セラピストがその状況を頭の中で映像化できるように，何よりも，クライエント本人の想起がいっそうありありとしてくるように配慮します。曜日，時刻，場所，時にはその日の気候などまで，あるいは身体のコンディションや気分までを確認するとよいでしょう。問題の数時間から数十分前に遡って，「○○をして，その後○○に立ち寄って」というように，順を追って思い出してもらうのもよい方法です。

ポイント3　矛盾しているように感じられることがあれば，その場で即確認すべきです。それによって，有効な情報が得られることが多いものです。また，依存症の場合では特に，よくある「嘘」（虚偽報告）のチェックにもなります。

ポイント4　このような，ちょっとした笑いが，面接を，ともすると緊張を伴いやすい事情聴取のようにすることを防ぎます。

ポイント5　あえて，少し極端な推測を示すことで，クライエントにそれを否定した発言をすることが勢いを生み，詳しい説明を引き出すことができます。クライエント側から自発的な説明を引き出すためのテクニックです。

Th：では，どのあたりで，パチスロという気持ちにスイッチが入ってしまったのでしょう。重要なことなので，ヒントをいただけるとうれしいのですが。
　　ポイント6へ

Cl：それが，よく覚えていません。昼前に現金でいただいたときは，そんな気はなかったのに。夜の8時頃には，夢中で（スロットを）回していました。

Th：重大なことなのに思い出せない。こういうことはよくあります。しかし，できればしっかり思い出していただくと，依存症から抜け出しやすくなります。きっかけと言っても，何かを見たとか，何かを耳にした，ということだけでなく，何かを，頭に浮かべてしまった，でもいいのですが。ポイント7へ

Cl：浮かべたことですか，うーん。（…しばらく間…）

Th：わりと多いのが，ギャンブラーの言い訳，というやつです。人は，やめようと心に決めたことなのにやりたいとの衝動に襲われたとき，自分に自分で言い訳をしてしまうものです。「ストレスが溜まるとかえってよくない」とか，「お得意さんとの話題にもなるから」とか，自分を納得させやめるのを止めてしまうのです。ポイント8へ

Cl：ああ，言われてみれば，会社を出て，○○（パチンコ店名）の看板が目に入ったとき，「2万円のうち，5千円までなら，消えても何とかなる。逆に勝てば余裕ができる。精算が早まったのも，1つの『つき』かもしれない」って。何か，そんな軽い，舞い上がった気持ちになってしまいました。これも言い訳，なんでしょうか。

Th：そうです。「ツキを失ってはもったいない」というのは，よくある言い訳です。パチスロをすることを正当化する，というか，理由をつけるのですね。
　　ポイント9へ

Cl：これまで，ずっとそう自分に言い聞かせてきていたかもしれません。

Th：そのように気づいていただけると，改善は早いですよ。言い訳については重要なので，後でまた話しましょうね。で，今は，先週の金曜日についてですが。

Cl：ツキを活かすというか，ツキが本モノなのかどうか，試さないのはもったいない，と。

Th：早く清算されただけ。ツキがあったとは違いますけどね（笑）。ポイント10へ

Cl：そうなのです（苦笑）。今なら，冷静にそう思えるのですが，そのときは。

Th：そこがギャンブル依存の難しいところですね。R夫さんだけではないのです。みなさんそうです。でも，とても大切なことを，思い出していただきました。

ポイント6 重要な情報を得るには，このように「重要な情報だと判断されるからこそ，時にしつこくもなる」ことを明示するのもよいでしょう。しつこい，と思われてしまうことへの怖れを調整し，専門家としてのカンから，重要だと思われる情報については，はっきりそれを表明した上で，粘ってみることも必要です。

ポイント7 モノやヒトについての情報，つまり，事実，出来事，についての情報がクライエントから出てきにくいときには，角度を変えて，そのときの振る舞いやココロの中に浮かんでいたことなどを聞いてみるとよいでしょう。逆に，感情や思い，つまりココロのことばかりを話すクライエントには，そのココロの動きに対応して表出したフルマイ，それに対応したモノ，ヒトの動き，変化をうかがっていくと，よいでしょう。

ポイント8 さりげなく心理教育を進め，質問を重ねていくことで，より有効な情報が得られやすくなります。ここでは，一度やめようと決心したパチスロにまた出かけてしまう行為を正当化するような認知（自動思考）を，「ギャンブラーに多い言い訳」として解説し，その枠組みに相当する考えが引き出されるのを狙っています。

ポイント9 新たな情報が得られたら，即時強化（すぐにその場で評価するコメント），をお忘れなく。この即時強化が意識せずともできるようになると，認知行動療法によるセラピストとしては，格段に腕前が上がります。

ポイント10 時にはこのようにやんわりと，現実を表現してみるのもよいでしょう。

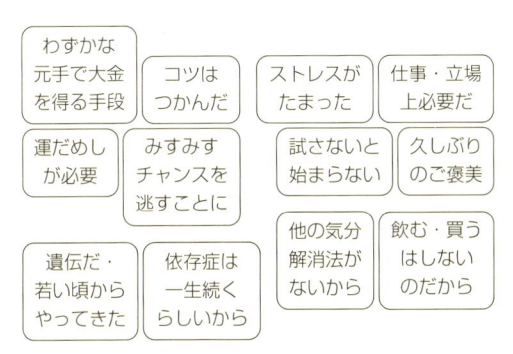

わずかな元手で大金を得る手段	コツはつかんだ	ストレスがたまった	仕事・立場上必要だ
運だめしが必要	みすみすチャンスを逃すことに	試さないと始まらない	久しぶりのご褒美
遺伝だ・若い頃からやってきた	依存症は一生続くらしいから	他の気分解消法がないから	飲む・買うはしないのだから

図2-4-2 病的ギャンブリングにみられる言い訳

テクニック2の4　生活の中の刺激反応の連鎖をとらえるコツ

▶再発防止のための介入から

【所持金のコントロールでパチスロに通わないで4か月が過ぎたところで,あえて所持金を持って町の中を歩くことにしてみました……】

Th:この4か月,衝動というか,ムズムズの気持ちがわいてきてたいへんだったことも少なくなかったでしょう。この間,パチスロにお金を使うことはまったくなかったということですが,すごいがんばりかと思います。 ポイント11へ

Cl:まあ,今だから,ほっとしていますが,実際には苦しかったです。

Th:最も苦しかったときのことを思い出してもらっていただけますか。

Cl:そうですね,教えていただいたとおり,わざと2万円のお金を財布に入れ,お店に入ってみました。それでも,どうしょうようもなくムズムズすることはなく,出てくることができました。ところが一度だけ,信じられないくらいに,「おいしい」台,すぐにでも大当たりが出そうな台なのに誰も座っていないなんて「あり得ない」ということがあったのです。極端な言い方をすれば,そこに,持って行ってください,とお金が置いてあるようなもので。

Th:おや,それは興味深いお話ですね。で,どうでしたか。ムズムズを,からだのどのあたりで感じられたのでしょうか。 ポイント12へ

Cl:そうですねえ,頭の後ろ,後頭部がなんか熱くなりました。そして,やはり,心臓がどきどきしました。心臓から熱い血がどんどん胸や顔や頭に送り込まれてしまって。

Th:苦しかったでしょうね,パチスロしたい,というときは,だいたいそんな感覚なのでしょうかね。

Cl:そうです,かなり苦しかったです,が,なんとか持ちこたえました。誰かがそこに座るのを見るのが悔しくて,すぐ店から出てきてしまいました。車を運転している最中も,まだ頭が熱かったと思います。何度も,「間違いなく儲かるから,やってもかまわないんじゃないか」などと思い,車ですぐに引き返そうかとさえ思いました。でも,どうせもう,誰かがその台で打ち始めている,あのような台をほっとくわけがない,と言い聞かせて。

Th:とても貴重な体験でしたね。そのときに浮かびかけた言い訳は,どうだったでしょう。「ほぼ確実に儲かるのだから,ギャンブルではないぞ」あたりですかね。

Cl:はい,「負けないからいいんじゃないか」みたいな。以前にもありました。「コツはつかんだから,もう負けはしない。コツをつかんだのだから,もうギャンブルじゃなくなるぞ」と。実際には,あのときの台だってどういう結果になったかわかりません。

▶ポイント解説

　再発防止の方法の1つに，手がかりエクスポージャー（cue-exposure）という方法があります。依存的行為，ここではパチスロをしてしまう，ですが，その衝動がわく手がかりを，わざとクライエントに曝し，衝動を起こさせ，その衝動が依存的行為をせずとも低下していくのをやり過ごす，という訓練です。エクスポージャーのねらいからすれば，衝動がいったん喚起される必要がありますが，喚起されなくとも，刺激に曝されても大丈夫，という経験を持ってもらうことで，クライエントに自信を高めてもらうことができます。パチンコ依存では，お店に入ってみる，台が大当たりしている刺激に曝される，関連雑誌を眺める，などがあります。買い物依存でも同じですね。むろん，ある程度依存がストップした段階で行なうべきです。また，少なくとも最初は，誰かが同伴したほうがよいでしょう。直後の面接では，衝動の高まりと，それへの対処を丁寧にうかがいます。

ポイント11　単に失敗（スリップなどと表現することもあります）の有無だけでなく，そこで行なわれた対処の工夫について確認することも有効です。もちろん，がんばりや前向きさに対する評価のコメントも忘れずに。万一，失敗があった場合は，その失敗からヒントを得ることができること，その失敗以外にはうまくやれたこともあったこと，などにも目を向けていくことができます。クライエントが失敗により抑うつ的になっている場合は，丁寧に事実を確認できるとよいでしょう。抑うつ的なクライエントも，現実を客観的にとらえていけるようになるにしたがって，落ち着きを取り戻してくれます。

ポイント12　衝動は，本来言葉にならない，なりにくい認知であり情動であり，身体反応でもあります。よりナマなものであればあるほど，言葉の表現が難しくなります。言葉で表現することに大きな困難を伴う人は，少なくありません。この例のように，衝動を身体のどこで，どのような感覚として自覚するか，という問いかけも，しばしば有効です。「本人が自らの衝動をとらえやすくすること」，「とらえやすくなることで対象化しやすくなること」，「対象化しやすくなることで対処がうまくとれるようになること」がねらいです。

Th：はは，とてもおもしろいお話ですねえ。本当にR夫さんには，おもしろいお話が多いですね。「コツをつかんだからにはギャンブルでない」ですか。 ポイント13へ

Cl：でも，一度やったら，一から出直しですから。

Th：これまでのカウンセリングが無駄になりかねない。 ポイント14へ

Cl：そうですね，やったらまた一からやり直し，というのが浮かびました。

Th：4か月で，1日1個として，120個くらいの積木を積み上げてきた。それを，一気に壊してしまうことになる。また，1個から日数をかけて積み上げなければならないぞって。 ポイント15へ

Cl：ああ，なるほど，たしかにそうですね。積木というのは浮かべやすいですね。

Th：R夫さんみたいに，ある程度ストップができるようになってきた方にお教えしているたとえです。がんばったご褒美で，お話させていただきました。

Cl：ありがとうございます。その考え方，試してみます。

Th：積木でも，ドミノでもいいんですよ。時間をかけて並べたりしたものが，"たった一回のうっかり"でバタバタと倒れてしまう。

Cl：もったいない，という発想ですね。

Th：そうです。

ミニミニコラム：喩え話・イメージを活用する

面接の中で喩え話やある視覚的イメージを嗜癖行為へのブレーキに使う，あるいは，望ましい行為をとるきっかけ（プロンプト）として用いることは有効です。上記の「積み木」のイメージは，何度も「脱パチ」にトライしたけれども，なかなか続かなかったという多くのクライエントに「役に立った」と好評です。

誰にとってもイメージしやすく，加えて「ここまでがんばってきたのが無駄になってはもったいない」という気持ちが喚起されやすい喩えのようです。ギャンブルにはまる人には，意外に「けち（倹約精神が高い）」な人が多いのかもしれません。「あと少しで大当たりになるハズなのにここで止めてはもったいない」，「この台に払ってきた『授業料』が無駄になる」などといった発想を抱くのです。それを，積み木のイメージによって，「ここまで止めてきたがんばり，治療にかけてきたお金と時間がもったいない」という，再発予防につながる倹約精神に振り替えてもらうわけです。

| ポイント13 | 自分なりの対処のヒントを自発的に表現してくれた場合には，最大級の褒め言葉を。ここにあるとおり，ユニークさを強調することは，多くのクライエントさんの改善への前向きさを高めます。

| ポイント14 | 筆者の経験では，ギャンブル依存の人は，基本的に倹約家，つまり"けち"です。ギャンブル以外の生活では，わずかでもお金を無駄にしたくない。「自ら能動的にセラピーに関わることで，セラピーにかかる経済的負担を節約できる」という感覚を持ってもらうことは，多くの場合，改善のためにプラスです。宿題をどんどんこなしてくることが，セラピーのための経費を節約することにつながる，という説明で，宿題への意欲を高めてもらうこともあります。

| ポイント15 | 積み木，ドミノのたとえは，再発しにくくするため，誰でも浮かべやすい視覚的・感覚的イメージとして，かなり有効です。イラスト等でお渡しすることで，よりイメージしやすくなるようです。

▶ このケースのその後の展開

　このケースは，6か月ほど「まったく通わなかった」期間が確認できたので終結とし，メールで簡単に経過報告を受け，必要に応じフォローアップを行なうこととした。この終結から5か月後の真夏のある日，以下の連絡があった。他県への宿泊を伴う出張先で，1人での夕食軽くビールを飲んだら，まっすぐにホテルに帰るのが何かさびしく感じ，涼むつもりで駅前のパチンコ店に入ってしまい，1万円近く勝ってしまった。それでずっと大人しくしていた「パチンコ依存」が活性化され，出張から帰った日の翌日の土曜日，地元の店で5千円をさっそく失ってしまったとのことであった。

　本格的な再発に怯えたR夫さんは，急遽，カウンセリングの再開を希望し，かなり落ち込んで来談された。「ギャンブル依存は，R夫さんの心の中にカラカラに乾いた状態で残っており，そこに熱いお湯をかけるとすぐに新鮮な状態になって活性化し，R夫さんをムズムズさせる」というようなたとえ話で，油断せず自らの依存症を意識して生活する，ということを確認。同時に，「こうしてすぐに，連絡をとってカウンセリングを求めてきたことこそが，回復の証ではないか」とも，お伝えした。実際に，多くの回復ケースは，このようなスリップを経験し，それからより深い反省と再発への覚悟を獲得し，その後，より長期の改善へと向かっている，というのが筆者の印象である。

　その，最後のパチスロから2年半後，カウンセリング開始から4年後，「かなり自信がつきました」という知らせがやはりメールで届いた。その中で，「"依存症は一生モノ"とよく言われているようですが，その意味が今ではとてもよくわかりました。今度こそこのまま乾燥させておきます」ということであった。

共著者からみた「ここがいいね！」

　認知行動療法の諸技法に共通する重要な命題は何かといえば，それは「随伴性の理解と制御」です。つまり，それがどのような症状（問題）であろうと，それを取り巻く刺激と反応の結びつきを理解し，それをいかに制御できるかがセラピーの勝敗を決めるといっても過言ではありません。

　この刺激反応の連鎖への理解を深めるための方略には，直接観察が最も有効な方法といえますが，成人を対象としたカウンセリングでは，現場に赴くことは難しいことも多いですので，クライエントの自己報告（時には記録用紙なども活用）に頼らざるをえないのが実情です。自己報告は，言い換えればクライエントの「言いたいこと報告」ですので，現場で起きている刺激反応の連鎖をクライエントが正確に描写してくれているかどうかはわかりません。ましてや，このケースのように「嘘が含まれている可能性」が想定される自己報告から，刺激反応の連鎖への理解を丁寧に進めていくのはたいへん難しいことといえるでしょう。そういう意味でもこのケースは，ギャンブル依存に限らず，「随伴性の理解と制御」に必要な重要なテクニックを学べるものとして読み進めていきたいですね。

　まず，ポイント2にあるように，状況を「印象」ではなく「映像」で理解できるようにディテールにこだわって聴取していくことが重要ですね。そして，神村さんは報告される状況に矛盾がないか「うら」をとりながら，理解を進めていっています。ここも大事なポイントです。さらに，ポイント6〜7にあるように，「嘘やごまかしには負けない」という神村さんの毅然とした姿勢（柔和ながらも）があったからこそ，クライエントの「あまりそこらへんのところは話したくないんだけど……」という気持ちを見逃さずに，土俵まで引っ張り上げた感があります。また，神村さん自身も述べていますが，このようなシビアな駆け引きを，「（笑）」で和ませているところも絶妙です。普段の神村さんの得意技の1つですが，自分でボケておいて，その笑いのついでに相手に言いたいことを言ってしまうというところがあります。自分の行動レパートリーとその機能を臨床場面に豊かに活用するところも「うまい臨床家」の条件ともいえるでしょう。

　一方，後半のダイアログは，テクニックとしては手がかりエクスポージャーとして紹介されていましたが，これも実は「随伴性の理解と制御」のプロセスといえます。この場合の刺激は「このいい台（パチスロ），やってみたい」という衝動（内的刺激），反応はその衝動に対して行なわれた対処や工夫ですね。この両者の関係性を面接で振り返ることで，どのような行動が機能的であったかが整理され，自己制御力を高めていくことにつながるわけですね。

テクニック 2の5 認知再構成法のコツ

基本のおさらい

①認知再構成法とは

　認知再構成法は，認知行動療法の中でも中核的な技法ですが，その技法のねらいについて，誤解されていることが多いようです。認知の再構成とは，「マイナス思考」を「プラス思考」に転換していく技法であると思っている人が多いのではないでしょうか。しかし認知再構成法の本来の目的はそうではありません。「マイナス思考」が悪いのではなく，その思考から離れられなくなっていることがよくないのです。したがって，思考の「柔軟性」と「多様性」を取り戻す（獲得させる）ための援助が認知再構成法であり，クライエント自身が新たな思考や行動を「探索」し「実行」し，そこから得られる新たな「体験」を促進するように支援することなのです（鈴木・神村，2005）。

②認知再構成法の手順

　クライエントの生活の中で繰り返し想起される特定の思考（自己や将来に対する否定的な予測や判断，解釈）は，これまでの生活暦の中で強固に習慣化しており，単にアドバイスをするだけで変容できるほど可変性の高いものではありません。強固に習慣化されたクライエントの思考を変化させうる唯一の方法は，①クライエント自身が自らの思考の特徴に気づき，②それらの思考が自分の気分や感情，あるいは生活上の悩みに影響を及ぼしていることを理解し，③思考の妥当性を現実の生活に照らし合わせながら再検討しながら，新しい考えや取り組みを探索し，④新しい考えや取り組みを生活の中で積極的に活用しながらその有効性を確認していくことなのです（図2-5-1）。

　認知行動療法における認知変容テクニックは，これらの「気づく（catch），整理

する（再検討する check），新しい考え方を探す，実践する（correct）」というプロセスを促進することに重点が置かれています（井上，1997）。以下に認知再構成法の基本的な考え方とポイントを示しました。

① 考え方の「植え付け」ではなく「気づく」ための道先案内である。
② 楽観性を重視するのではなく，状況に即した柔軟性や多様性を身につけることである。
③ ベースとなる技法は，指示・教育ではなく，質問・整理・提案である。
④ 「気づく」「考える」「見つける」「実践する」ことを積極的に賞賛し，そのような試みを育てていく。

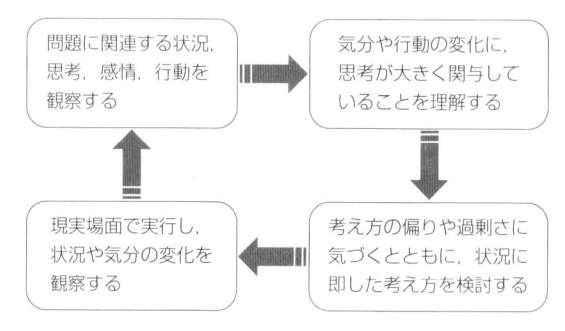

図 2-5-1 認知再構成法の流れ

▶ケースの概要

【症　例】 21歳，男性，大学生（理系学部の3年生）。

【主　訴】 自分に自信がもてない，人と話すのが苦手，気分が落ち込む。

【問題歴】 クライエントは，小さい頃から比較的おとなしくてまじめな性格だった。中高一貫の進学校で学び，成績は悪いほうではなかったが，家族からは優秀な兄（現在，医学部在学中）と比較され，「自分はそんなに頭良くないから」と卑下していたところはあった。大学受験は，高校3年生の夏までは医学部志望だったが，結局，生命科学系の学部に進学した。大学入学後は，力尽きた感覚が強く，大学には行くが楽しめず，講義もさぼりがちで，サークルなども入るタイミングを逸してしまい，ただ時間だけが過ぎていく生活になった。しかし，親の手前，留年するわけにもいかず，実験実習や語学など評価の厳しい科目については最低限の学習はなんとかこなしていた。3年生になってゼミに入ったが，ゼミの人間関係や課題についていけず，3年生の春から大学に行ってもゼミの研究室に足が向かなくなり，指導教員から注意を受けることが

度々となった。このような状況にクライエントは「もう、乗り遅れちゃったんだ」という感覚が強く、「今さらやっても無理だ」と考えて投げ出してしまっている状態であった。一方、無気力な自分を責める気持ちや、親が見たらどう思うだろうかという不安もあった。そのような時期から下痢が続くようになり、保健室に行く機会が増えた。保健師より心療内科を紹介されて、受診となり、薬物療法に加えて主治医のすすめでカウンセリング導入となった。

【受診時の状態】　全体的に覇気がなく、元気がない。ゼミについていけないことを悩みつつも半分あきらめてしまっているが、「このままじゃいけない」という気持ちはもてていた。大学での状況と親の無言のプレッシャーの板挟みによるストレスから1か月程度便のゆるい状態が続いており、そのことが講義やゼミに出席しづらくさせているという悪循環が想定された。食欲や睡眠状態には大きな問題はなく、軽い抑うつ状態ではあるが、日常の活動性は最低限維持されていた。

【セラピーの方向性】　過敏性腸症候群の症状は薬物療法である程度コントロールできている様子だったので、「もう、乗り遅れちゃったんだ」「今さらやっても無理だ」という考え方や、自己肯定感の低さ、あるいは親の評価を気にしすぎてしまうところなどを面接の中で取り上げることとした。具体的には、認知再構成法を用いてもう少し楽に過ごせるような考え方を探していくとともに、もう一度ゼミ活動や大学での人間関係などについて前向きに取り組めるように支援し、大学生活を立て直していくことを目標とした。

▶後ろ向きな考え方の癖から脱却し，柔軟性と多様性を取り戻すコツ

> 認知再構成法は，前述のような4つのステップから成り立っており，セッションを重ねながら，少しずつ再構成を成し遂げていくことになります。ここでは認知再構成法の導入期と展開期のステップの代表的なやりとりを解説していきます。

[状況，思考，感情のセルフモニタリングの導入にあたって]

Th：Aさんの生活場面での様子をよく知るために，これからしばらくの間つらかったことや嫌だった出来事についてシート（以下）を使って簡単な記録をとってもらいたいのですが，大丈夫ですか？（Cl：はい）　ありがとうございます。このような記録を通して自分の考え方の癖を知り，どのように対処していけばよいかを学ぶことが悪循環から抜け出していくことにつながります。それでは，まずは書き方の説明をしますので，今週あった出来事で何か例になるようなことを1つあげていただけますか？　ポイント1へ

日　時	状　況	浮かんだ考え	気　分

Cl：む……今週，ゼミ関係で提出しなければならない書類があったので，指導教員の先生の研究室に行ったのですが，そのときたまたま，研究室に同級生が2人いたんです。入った瞬間，こっちも，あっちも気まずい雰囲気になって，僕は，書類をさっさと提出して退出しようとしたんです。そうしたら，先生に引き止められて，「なぜ，ゼミをちょくちょく休むんだ，やる気はあるのか」というようなことをくどくど言われてしまったんです。2人の同級生の見ている前で立つ場ない感じで，すごくいたたまれませんでした。きっと，彼らも自分を馬鹿にしているんだろうなと思って，恥ずかしいというか，悔しいというか，情けない感じでした。

Th：なるほど。そんなことがあったんですか。それじゃそれを使って説明しますね。このシートではそのような出来事があったら，その出来事の「状況」を書きます。今のお話ですと，「先生の研究室に書類提出に行ったら，同級生の前で，叱責された」という感じでしょうかね。次に，そのときの気持ちを「考え」と「気分」に分けて書きたいのですが，この2つを分けて書くのは最初は難しいので，コツを教えますね。まず，そのときの気分を短い単語で「気分」の欄に書きます。　ポイント2へ　さっきの出来事のときの気分を短い単語でいうとどんな感じですか？

▶ポイント解説

　認知再構成法を行なうセラピストが陥りやすい落とし穴として，クライエントの否定的な考え方を指摘して，望ましい考え方を提案し，その考えを実行するように強く働きかけてしまうことがあります。しかしこの方法はうまくいかないことが多く，かえってクライエントとセラピストの間で価値観の押し問答になってしまい，治療関係を危うくさせてしまうことさえあります。認知再構成を行なう際のポイントは，①クライエント自身が自分の考え方の特徴をよく整理し，②その特徴的な思考が現在の苦痛や不全感（感情や行動）に影響を及ぼしていることを理解する。③その上で，どのように考えることが自分の気持ちを楽にすることにつながるのかを治療者とともに考えていき，④探索した新しい考えや取り組みを生活の中で実践していきながら，そのような考え方や取り組みが不全感の改善につながるということをクライエント自身が実感として理解することが大切です。

ポイント1　クライエントにとって，セルフモニタリングシートの記録はセラピストが想像している以上に難しい課題です。煩雑な記入に取り組むこともさることながら，ネガティブエピソードを直視したくないという回避欲求があり，深く内省することを躊躇する傾向にあります。したがって，セルフモニタリングを導入する際には，その目的を丁寧に説明するとともに，具体的なエピソードを取り上げて，書き方をレクチャーしながら記録への動機づけを高めていくかかわりを大切にしましょう。

ポイント2　セルフモニタリングでは，「思考」と「感情」を分けて記録しながら相互の関係性を理解していくプロセスが大切ですが，クライエントにとって，「思考」と「感情」は"気持ち"という包括的な感情体験としてモニターされており，どこに「思考」と「感情」の区切れ目があるのかについての判断がつきにくいことが多いようです。そこで，指導する際のポイントとして，まず，エピソード陳述の中から，状況の部分を最初に切り離し，その後，「気分」を短い単語（悲しい，悔しい，怒り，落ち込み，など）で表現してもらいましょう。その上で，そのような気分を経験しているとき頭の中に浮かんでいた言葉やイメージを「思考」の欄に記述してもらうとスムーズに「思考」と「感情」の切り離しができます。なお，「気分」の切り分けが難しいクライエントには，あらかじめ用意した気分のカード（リストでも可）を提示して，選択してもらう方法もあります。

Cl ：悔しい，情けない，ですかね。（Th：他には？）……恥ずかしい，とか。

Th ：Ok です。それを「気分」の欄に書きます。そうしたら，今度は「思考」の欄に，悔しくて，情けなくて，恥ずかしかったとき，頭の中でぐるぐるとまわっていた言葉やイメージを思い出して書いてください。 ポイント2へ

Cl ：……「同級生の前で言わないでくれよ」とか「馬鹿にしているだろうな」「もう，自分には期待してないんだろうな」とかですかね。

Th ：はい，いい感じです。そんな調子で，次回まで生活場面でのエピソードを記入してきてください。

［思考の特徴と機能を理解し，新しい思考を探索する］

Th ：前回のホームワークとして，これまでのセルフモニタリングシートを見返して，つらい場面でよく浮かぶ考え方をピックアップしてもらうことをお願いしてましたが，どんな考えがよく浮かんでいるようですか？ ポイント3へ

Cl ：いろいろあったんですけど，比較的多かったのは「自分は乗り遅れちゃったんだ」「今さらやっても無駄」「みんな馬鹿にしているだろう」「親にも見捨てられるのかな？」とかですね。

Th ：なるほど。それじゃその4つの例について整理してみましょう。これらの考え方を前回説明した気分の落ち込みに関係する「推論の誤り」に当てはめながら分類すると ポイント3へ ，それぞれどんな特徴があるといえるでしょうか？（推論の誤りの資料を提示しながらワークさせる）。

Cl ：これは，これに近いかな？　これは……これでしょうかね。

Th ：なるほど。そうすると「レッテル貼り」「破局的推論」「読心術推論」のような特徴があるということになりますね。さて，ここで考えてみたいのですが，たとえば「自分は乗り遅れた」というレッテルを貼ると，その後はどうなりますか？ ポイント4へ

Cl ：やっても無駄というか，やる気が失せるというか，何もする気が起きなくなります。

Th ：そうやって何もしなくなるとどうなりますか？

Cl ：どんどん状況が追い詰められていく気がして，不安ばかりが出てきます。 ポイント4へ

Th ：そんな状況を望んでいるんですか？ ポイント4へ

Cl ：望んではいません。本心を言えば，どこかで挽回したいと思っています。

Th ：挽回するのに，レッテルを貼ることは役に立ってるのですか？ ポイント4へ

ポイント3 セルフモニタリングにある程度継続的に取り組めるようになったら、思考の特徴を把握するワークを展開していきます。これまでの記録の中から、高頻度で生じている主要な「思考」をピックアップし、その特徴について話し合います。その際、「推論の誤り」（表2-5-1参照）についてのレクチャーを行ない、クライエントの思考にどのような「推論の誤り」が想定されるのかを特定していきましょう。このような話し合いのプロセスを通して、クライエントは、自分の思考が現実を表現しているものではなく、自分の過剰な予測や判断などによって現実とはかけ離れたものになっているのかもしれないという視点をもつことができるようになり、そのことが「認知再構成へのゆさぶり」をかけていくきっかけになっていきます。

表 2-5-1　推論の誤り

破局的推論 (catastrophizing)	現実的な可能性を検討せずに、否定的な予測をエスカレートさせること
読心術推論 (mind reading)	他者が考えていることを確認もせずに、自分はわかっていると思い込むこと
個人化の推論 (personalization)	出来事の成りゆきや結果を自分のせいだと思い込むこと
選択的抽出推論 (selective abstraction)	ある特定の事実だけを取り上げて、それがすべての証拠であるように考えること
トンネル視 (tunnel vision)	出来事の否定的な側面のみを見ること
レッテル張り (labeling)	自分や他者に固定的なラベリング（たいてい否定的な）をすること
全か無か推論 (all-or-nothing reasoning)	少しの失敗や例外を認めることなく、二分法的に結論づけをすること
自己と他者のダブルスタンダード (double standard between self and others)	自己にだけ他者と異なる厳しい評価基準を持つこと
「すべし」評価 (should/must statements)	自己や他者に対して、常に高い水準の成果を要求すること

ポイント4 思考の特徴を整理することができたら、その思考が気分や行動にどのような影響を及ぼしているかを検討していきます。多くの場合、その思考が後ろ向きな気分や抑制的・回避的行動を引き起こしていることが多いですので、そのことを指摘しながら、クライエント自身が望む展開にはつながっていない、むしろ、自分で自分を苦しめる方向に機能しているのだということを理解できるように丁寧な振り返りを行なっていきましょう。

Cl：もちろん役になど立ってないですが，それが現実だから…。
Th：本当に現実なんでしょうか？ 「手遅れって」どういうことですか？
Cl：ゼミについていけないし，仲間にも入れてもらえないってことですね。
Th：そんなエピソードがあったのですか？ ポイント5へ
Cl：ないですけど，きっとそうだと思います。
Th：エピソードはないが，きっとそうだと「感じて」「レッテルを貼り」「追い詰められて」「不安になる」……全部，頭の中で起きていることで苦しんでいる。 ポイント5へ なんだかもったいない。「本当は挽回したい」という気持ちをもっと大切にして，やれることをやってみるというのも悪くない気がしてしまいます。
Cl：それはそうですけど，勇気が出ないというか……。
Th：どんなふうに考えられたら，もう少し勇気が出そうかな？ ポイント6へ
Cl：……たとえば，「まだ間に合う」とか「やれるだけやってみよう」とか……。
Th：いい言葉じゃないですか。その言葉を大切にしながら，やれることを考えていきましょう。 ポイント6へ

| ポイント5 | 思考のよくない機能についての内省が深まっていっても，クライエントの中には「そう考えるしかない，それが現実だから……」という印象が存在しています。この点についても，現実のエピソードとの照合を丁寧に行ないながら，事実に基づかない思考のエスカレートがないかを確認していきましょう。
| ポイント6 | クライエント自身が，これまでの思考から脱却し，新しい思考や行動を探索していくことの重要性に気づくことができるようになったら，どのような思考や行動が，クライエント自身が望む展開に役に立つのかを探索し，生活場面の中で実施（行動実験）しながら，その有用性を確認していくような段階に入っていきましょう。その際にもセルフモニタリングを活用し，新しい思考や行動の機能について積極的に面接で取り上げていきましょう。

➡ このケースのその後の展開

　数か月の面接を通して，もう一度がんばってみようという気持ちを少しずつもてるようになってきたので，大学の学生相談室のカウンセラーの協力を得て，指導教員と面談の機会をつくり，クライエントの意思や希望を話し，ゼミでの課題や人間関係などについて指導教員の協力が得られるようにした。その上で，「まだ間に合う」とか「やれるだけやってみよう」という気持ちを大切にしながら，①最初は居心地が悪くてもゼミに参加する，②ゼミでの共同作業では，主に面倒な単純作業を自分から進んでかって出ながら同級生との関係づくりをしてみる，③復習が必要な講義に「もぐり」で参加して学業面での挽回を図る，などの具体的な取り組みを行ないながら少しずつ自信を回復していった。その後半年の経過の中でゼミのメンバーとの交流も楽しめるようになり，大学の中での自分の「居場所」を確保できたという安心感も得られ，学業の楽しさも感じられるようになり，現在は大学院進学も考えるようになった。

共著者からみた「ここがいいね！」

「セルフモニタリングって意外と難しいんですよ」ということを，はっきり説明しているCBTテキストは多くありません。CBTセラピストとしての修行の第一歩は，この作業をうまく進めてもらえるようになることから始まります。クライエントにとって初期の面接は，極論すれば，セルフモニタリングの練習の場なのです。鈴木さんの面接では，そこが具体的に紹介されていますね。

「推論の誤り」といった「ターム」が出てくるのは，このような理系男子にはちょうどよいかもしれません。クライエントのリソースの活用とよく言われますが，特別な「良いとこ探し」ばかりでなく，こんなちょっとした「その人らしさの利用」が基本ですね。

筆者（神村）であれば，「勇気が出ない」に突っ込みを入れてしまうかもしれません。

どう突っ込むのかというと，以下のとおりです。

「『勇気がでない』ということですが，それは『あとで後悔したくない』，『挽回するぞと思って頑張ったのに挽回できなかった結果が生じたらとても悔しい』という怖れではないでしょうか……」。うまくいけば，うつの背後にある「傷つく怖れ」のテーマに展開し，シェイムアタック（恥かき訓練）といった，活動的な，行動実験的な展開にできるかもしれません。解釈そのものよりも，なにか，活動的なセラピーへ発展させるための意味づけが欲しいので。「傷つく怖れ」とはつまり，「スキーマ（中核信念）」のことです。うつのクライエントの場合，行動活性化につながるならいかなるストーリーでも，というのがホンネです。

<文　献>
鈴木伸一・神村栄一（2005）実践家のための認知行動療法テクニックガイド　北大路書房
井上一臣（1997）心のつぶやきがあなたを変える：認知療法自習マニュアル　星和書房

第3部

トラブルシューティング編

テクニック3の1 関係がぎくしゃくしたときの対応のコツ

基本のおさらい

　面接において，ふとしたきっかけでクライエントが強い感情をぶつけてきたり，クレームを訴えてくるという経験をしたことはないでしょうか？「"まずい！"と思って謝罪に終始してその場は収めたが，その後の面接が非常にやりにくくなってしまった」「誤解を解くために弁明を繰り返したがゆえに，かえってクライエントを怒らせてしまい，問題がややこしくなった」「冷静に対処しようと距離を置いて対応したが，そのままドロップアウトしてしまった」など，後味の悪い展開になってしまうことも多いかもしれません。

　しかし，クライエントが感情的にセラピストに主張してくるときは，そこにクライエント自身が抱えている臨床的問題の中核が見え隠れしていることが多く，その琴線に触れたからこそ，強い反応が出ていると考えることもできます。ですので，このトラブルをチャンスとしてとらえ，丁寧な対応をすることで，セラピストとクライエント双方において，問題理解が深まり，目的意識の共有ができることもあるのです。セラピスト側にある防衛的な感情を前面に出さず，このトラブルを丁寧に整理することで，新たなブレイクスルーを見つけようと対応していくことが，対応の難しいクライエントに認知行動療法を行なっていく際のポイントになります。

▶ケースの概要

【症　例】　26歳，女性，アルバイト．

【主　訴】　たびたび生じるパニック症状（動悸，息苦しさ，めまいなど）がつらい，人間関係で傷つくことが多い，急に感情が抑えられなくなる，慢性的な悲しみ，孤独感．

【問題歴】　小中学校の頃は，比較的まじめでおとなしいほうだった．両親は共稼ぎで喧嘩が絶えなかったので，「いい子にしてなければ」という思いが強かった．中学3年生の秋に友人関係のトラブルや受験のプレッシャーから体調を壊し，不登校になる．朝学校に行こうとすると，動悸，息苦しさ，めまいなどのパニック症状や，自分が自分でないような感覚があり，しばらくうずくまっていないと平静でいられない状態になる．調子の悪さを訴えても両親は仕事に出かけてしまい，1人で自室でやり過ごす日々が続いた．

高校に入学したものの症状は安定せず，休みがちな生活．その頃から両親に離婚話が出るようになり，父親はあまり自宅に帰らず，母親は帰宅するとクライエントに愚痴を言うようになる．クライエントは心配かけないように自分の調子の悪さを母親に隠して過ごしていたが，その反動からか夜中に自室でリストカットを繰り返すようになる．

その後，高校の保健の先生から母親への電話連絡で事態が発覚し，高校3年生の春に心療内科受診．パニック障害と抑うつ状態と診断されて薬物治療が開始となった．薬物療法で睡眠状態は改善したものの，パニック症状や孤独感，およびリストカットはあまり改善しなかったため，その後服薬はやめてしまった．高校は卒業したものの，就職はせずに短期のアルバイトを繰り返す生活．アルバイト先では周囲の人が自分をどう思っているのかが気になって萎縮してしまう．ミスをして厳しく言われると，どうしたらよいかわからなくなってしまう．人間関係にいたたまれなくなり辞めてしまうことがたびたびあった．

21歳の頃，彼氏ができて彼のアパートと自宅を行き来する生活．彼と一緒にいるのは楽しいのだが，彼に嫌われたくないという気持ちから彼の言動がいろいろ気になってしまう．彼にきついことを言われると，悲しくなって自宅に帰ってリストカットしてしまう．23歳のときに彼氏と別れてからは，アルバイトも辞めて自室にこもるようになり，状態は悪化した．

24歳の頃，母親が勤めを辞めて近所で洋品店を経営するようになってからは，その店を手伝うようになる．あいかわらず，症状の不安定さはあったが，日中は店の手伝いをすることで生活リズムが改善された．また，母親とのコミュニケーションが増えるようになったことで，クライエントの気持ちや不安定な状

態を母親が正しく認識することができるようになり，母親がクライエントにやさしく接するようになったというよい面もあったが，仕事上のことでの母親の不用意な言動にクライエントが傷つくこともあり，一長一短であった。その後母親は，クライエントの状態がなかなかよくならないことや，将来のことを心配し，娘に当クリニックを受診させ，主治医の薦めで認知行動療法に導入となった。

【現在の状態像】 パニック症状は週に1～2回程度。嫌なことがあったときなどに比較的高頻度に生じる。対人的な傷つきやすさが顕著で，母親の言動に限らず，店の客の態度，友人からのメールや電話などでも簡単に傷ついて悲しい気持ちになる。最近はリストカットはあまりしないようになっているが，気晴らし食いや飲酒が習慣化している。母親との関係では，自分の気持ちを受け止めてもらえないという感情が爆発して皿を割る，物を投げる，泣き叫ぶなどの行動が生じることがある。

【セラピーの方向性】 クライエントは，対人場面における主観的な失敗体験が多く，それが孤独感や悲しみを増大させており，結果として情緒的にも身体的にも不安定な状態が維持されていると考えられた。これらの背景には，生活場面において他者から正の強化を受けることができるような行動のレパートリーが彼女に不足していることや，感情のコントロールスキルが乏しいこと，さらには「いつもわかっていてほしい，嫌われたくない，受け止めてほしい」などの過剰な思いがあると考えられることから，対人スキルや感情制御にかかわる行動レパートリーを増やしていきながら，生活場面におけるポジティブな体験を増加させることで，生活をやりくりできている感覚と自己肯定感を高めることが重要であると考えられた。

そこで，面接の導入期は，これまでの生活歴を聴取するとともに，現在の生活場面における行動，気分，思考および状況との関係を検討しながら，彼女の行動レパートリーのアセスメントと各行動の機能分析を丁寧に行なっていくこととした。

▶あわてず状況をしっかり把握し，その後の対応につなげるコツ

　面接の時間管理が難しいと感じるセラピストは少なくないのではないでしょうか。特に状態が不安定なクライエントの面接では，どのタイミングで話を区切ってまとめをしていったらいいか迷うのではないでしょうか。ふとしたセラピストの態度がクライエントにとっては不快なメッセージとして伝わり，関係をギクシャクさせることがあります。以下のダイアログは，面接の終了時間間際に母親との喧嘩でひどく傷ついたエピソードをクライエントが話しはじめたのですが，時間切れのため，その話は次回にしましょうと打ち切った面接の次の回のやりとりです。

［……浮かない顔をして面接室に入室してくる。］

Th：その後いかがですか？

Cl：はい……。特に変わりありません。

Th：この間の様子を聞かせていただきますか？

Cl：あの……申し訳ないんですけど，今日はそういう気分じゃないんです！　ここで先生とやっていけるかすごく不安に思っています。

Th：というと？ ポイント1へ

Cl：私のことをちゃんと受け止めてもらっていないというか，私のつらさはわかってもらえないんじゃないかという気持ちです。

Th：もう少し具体的に教えてもらえますか？ ポイント1へ

Cl：前回の面接のとき，母とのこと話したと思うんですけど，あのときは本当に，本当につらかったんです。終了時間が来ていることはわかっていたけど，どうしても聞いてほしかったのに，先生は時間だからと一方的に終わりにしてしまいました。あの後，悲しくなって，話さないほうがよかったと思いました。母とのことは前からいろいろあったけど，あのときは自分でもどうしたらいいかわからなかったから，聞いてほしかったのに，その気持ちを先生にはわかってもらえなかった。

Th：そうですか……どうしても聞いてほしかったのに，聞いてもらえずに悲しい気持ちになったということなんですね。 ポイント2へ

Cl：私だって，時間をオーバーしちゃいけないことぐらいわかってます。でも，誰だってどうしても聞いてほしいことってあるんじゃないですか？

Th：そういう気持ちはわかりますよ。 ポイント2へ　あの日は，時間をオーバーしても聞いてほしいぐらいつらかったということですよね。だから，少しぐらいそれを認めてほしかったということかな？ ポイント3へ

▶ポイント解説

　クライエントが感情的になったり，クレームを訴えるようなことがあると，「まずい，なんとか丸く収めなければ」と慌ててしまうこともあるかもしれません。しかし，状況の詳細を確認しないままに謝罪を繰り返したり，弁明に終始することは，クライエントとのすれ違いをより大きくするだけで事態の収束にはつながりません。まずは，クライエントが不快に感じた状況の詳細やそのときの感情，さらにはセラピストに何を訴えたいと思っているのかを丁寧に聴取していきましょう。そのように誠実に丁寧に聞いていくことが，クライエントとの関係性の修復に役に立ちますし，そこから見えてきた情報がその後のセラピーをよい方向に導いてくれることも少なくありません。

ポイント1　まずは，いつのどのような出来事について言っているのか，セラピストのどのような態度や言動を不快に思ったのか，その結果としてクライエントがどのような気持ちになったのかを丁寧にオープンクエスチョンで聞いていきましょう。セラピストのほうにも「あー，あのときのことか……」などと思い当たることがあったとしても，セラピストの印象とクライエントの印象とがズレていることがありますので，まずはクライエントの私的体験がどのようなものであったかを誠実に聞いていきましょう。

ポイント2　そのエピソードに対するクライエントのとらえ方や訴えは，セラピストの意図やその状況での事実とはずれていることも多いかもしれません。しかし，その点をすぐに修正したり，弁明したりすることは，押し問答になるだけで，かえってクライエントの感情を逆なですることになりかねません。少なくともクライエントは「そう感じたんだ」ということをまずは引き取ってあげましょう。クライエントの主張を認めるか否かの問題ではなく，クライエントがそう感じたのだということを受け止めることが大切です。

ポイント3　クライエントがセラピストに強い調子で訴えるからには，何か「わかってほしい」と思うポイントがあるはずです。このポイントが曖昧なままに会話を進めると，何を言っても空回りしてトラブルは収束しません。クライエントの話をこまめにまとめながら，どこに主張のホットスポットがあるのかを探索していきましょう。

Cl ：そうではないんです。時間をオーバーすれば次の人を待たせてしまうのだから，それは，いけないことだとわかっています。先生に受け止めてもらえてないんじゃないかという気がしたってことです

Th ：なるほど，というと？ ポイント3へ

Cl ：先生に話せば，いつものようにいろいろ聞いてくれたり，アドバイスしてくれるかなと期待していたのに，「詳しくはまた次回にしましょう」ってなんか突き放されたような……。

Th ：私の対応がイメージしていたのと違っていたので，悲しくなっちゃったということですかね。 ポイント3へ

Cl ：終了間際に話しはじめた私も悪いんですけど，なんかあのときは先生がすごく事務的で冷たい感じがしてしまいました。

Th ：そうですか。そんな印象を与えてしまったのであれば，申し訳なかったです。ごめんなさい。 ポイント4へ 率直に話してくださってよかったです。 ポイント4へ たぶんいろいろな気持ちがあったでしょうけれど，冷静に話してくださったので， ポイント4へ Aさんの悲しかった気持ちがよくわかりました。わだかまりがあるままで面接を続けても，認知行動療法はうまくいきませんので。

　　ところで，今回のように自分が期待していたイメージと相手の反応が違うことで，悲しい気持ちになってしまうようなことは，これまでも結構あるのですか？ ポイント5へ

Cl ：そんなのばっかりです。特に母親との会話ではいつもそんなパターンですね。私の生活にいろいろ口出ししてくるくせに，私がつらくて話しているときは，「そんなの自分で考えなさい」という感じで突き放してくる。友だちとの関係でもそうです，この人なら信頼できると思って悩みを話したのに，「へー，そーなんだ」って軽く流されちゃったり，私って結局受け止めてもらえないんだな……そんな悲しさがずっとありますね。

Th ：だから前回は，「先生もそうなのか」という感じ？

Cl ：……そうかもしれません。

Th ：私をわかってほしい。でもみんな私をわかってくれない。期待が大きい分，人間関係で悲しくなる……という繰り返しなのかな？ ポイント5へ

Cl ：そんなに期待しているわけではないのですが……。

Th ：そんなに期待しているわけではない，でも，周囲の反応とはギャップがあって悲しくなる。このギャップの中身を整理してみたら，悲しみの悪循環から抜け出せるきっかけがつかめるかもしれませんね。 ポイント6へ

| ポイント4 | ホットスポットが共有できたら，そのことについては素直に謝罪するほうがよいでしょう。誤解がもとで生じているトラブルなどにおいて，謝罪することが本当によいことなのか迷うこともあるかもしれません。しかし，ポイント2で述べたように，少なくともクライエントが不快な体験をしたことは事実ですので，そのような気持ちにさせたことについては誠意をもって対応することは悪いことではありません。

　また，セラピストに自分の感情を訴えるという行為は，ある意味，クライエントの主張スキルや問題解決スキルの練習の場であるともいえます。一連のやりとりの中で望ましい方略であった部分を取り上げて，ゆるやかにポジティブフィードバックを与えることもよいでしょう。|
|---|---|
| ポイント5 | ポイント4でも述べたように，このようなトラブル場面は，見方を変えるとクライエントの対人関係スタイルが凝縮されたエピソードということもできます。また，セラピストに訴える際の方略やその内容には，クライエントが抱える臨床的問題の中核が見え隠れしていることが少なくありません。このトラブルを1つの大きなチャンスととらえて，クライエントの臨床的問題の中核を話し合い，整理する場として活用していくようにしましょう。|
| ポイント6 | 意図せず生じたトラブルエピソードですが，セラピストとクライエントがともに体験したクライエントが抱える臨床的問題にかかわるリアルな場面であるとすれば，それを上手に活用していきましょう。共有するエピソードを手がかりにしながら，生活場面で生じているさまざまな問題を対比させて整理することで，セラピーの新たな展開へと導く具体的な手がかりが見つかることもあるかもしれません。|

➡ このケースのその後の展開

　トラブル以降，「自分のイメージと現実とのギャップ」という視点が，セラピーの中心的なテーマとなった。対人場面における「自分のイメージ（望む相手の対応）」「その場のやりとり」「相手の反応」「その後の気分」をセルフモニタリングしながら，「ギャップ」と「傷つき」の関係について丁寧に振り返りを行なっていった。それらを通して，①その場にそぐわない過剰な反応を相手に求めてしまっていることがある，②その場での自分の行為も消極的なことが多く，相手にばかり求めているのかもしれない，③ささいなことにがっかりしすぎ，などの理解が深まってきている。このケースは現在も継続中であり，上記の気づきを活かしながら，行動レパートリーを拡充していくことに取り組んでいる。

共著者からみた「ここがいいね！」

　読んでいて，ドキドキしてきました。思わず，「地雷持ち」という言葉（筆者の造語かな）が浮かんでしまうようなクライエントでした。医療現場では，「そういうタイプこそ心理士へ」というオーダーの流れ，ありがちですね。こういうクライエントが得意，というセラピストはほとんどおられませんけど。
　「あえて地雷を探して踏む」，つまり「あえて刺激することもない」けど，「踏んでしまうことを極端に怖れることもない」くらいがちょうどよいでしょう。不幸にも（？）踏んでしまったら，「そこから学ぶ」。つまり，症状や問題の理解につなげる。大切なのは，「ああ，ご家族やその他の支援者の方は，この地雷にご苦労させられているのだな」と思いを巡らすこと。加えて，本人もおそらく，自分の「火が付いちゃうとしばらく収まらない」癖に煩わされてきたのだろうな，と想像すること。
　こういうクライエントは普段から，激しくやり合う人か，あるいは逆に，「こうなったらどうしようもない」と要求をきいてしまう人かのどちらかを傍（そば）において生活されていると思います。
　ポイント１から２，３，と冷静に，クライエント理解，「地雷装置のプログラム」理解につなげられている様子がうかがえます。声が良く言葉が滑らかな鈴木さんならではの技法です。言葉が滑らかでない東北生まれの筆者（神村）の場合，少し違って，「目が点」テクニックに頼ります。現在（2013年時点），国立精神・神経医療研究センターにおられる大野裕先生が「協同実証主義」を説明されるとき，「刑事コロンボのよう」と例をあげておられました。適度に「とろい」セラピストの感じです。クライエントの怒りを前に目を点にして，「今度そういうことがあったら，次の方を待たせてでも，ということですか，うーん，どうしよう困りました。……あっ，そういうわけではない，ですか。それはよかった。ほっとしました。結構，予約したのに待たされるのは困るって方，少なくないので……。なるほど，『もっと受け止めてもらいたい』の気持ちになってしまうことがある，ってことですね。……『もっと受け止めてよ』発作みたいな……。前回の私は，そのあたりうまく気づけなかったのですね……。では，こんど，『受け止めてよ』発作の兆候があったとき，どんなのでもいいのでサインを出していただけますか……。できればわかりやすいのだと助かります」。
　セラピストそれぞれの個性の活用でいいのでしょうね。とにかくクライエント理解につなげ，その理解内容を，クライエントと共有すること。セラピスト側の理解でとどまるか，とどまらず丁寧に共有できるか，が，分かれ目ですね。

テクニック3の2 セラピーが停滞したときの対応のコツ

基本のおさらい

　導入期のアセスメントとケースフォーミュレーションを経て，介入を展開していくうちに，「クライエントのホームワークなどへの取り組みがいまひとつである」「こちらの提案の意図がクライエントにうまく伝わらず，空回りな状況が繰り返される」「予想していたようには症状の改善がみられず，セラピストもクライエントも行き詰まりを感じている」などのセラピーの停滞を感じた経験はないでしょうか？　このような状況では，ややもするとクライエントのモチベーションの問題やパーソナリティの問題，あるいは疾病利得や心理的抵抗などの問題にその原因を帰属してしまいがちです。しかし，これらの問題をいわば「クライエントのせい」にしてしまうと，停滞からの出口は見えにくくなり，中断への道をたどることになりかねません。

　このような状況で重要なことは，①見落としている問題や悪循環はないか，②セラピストの見立てや介入の目的・意図は正しく伝わっているか，③クライエントの取り組みに機能的なフィードバックができているか，④セラピストとクライエントとの相互作用における問題はないか，などといったセラピスト側が考慮するべき問題のエラーや抜けがあるはずだという前提に立って，新たにアセスメントを再構築していくことです。すなわち，停滞は固定的な見立てに基づく漫然とした介入の遂行の結果として生じていることが少なくないのです。

▶ケースの概要

【症 例】 36歳，男性，会社員。

【主 訴】 気分が落ち込む，やる気がでない，身体がだるい，復職できるか心配，将来の不安。

【問題歴】 電機メーカーの営業職として，入社以来，比較的順調に過ごしてきた。2年前に大きな組織変更があり，他部署から転属してきた同世代の課長の下で働くようになる。新しい課長はワンマンなタイプで，営業担当を一方的に変更したり，部下の失敗を事情を聴かずに厳しく叱責するようなことが続いた。クライエントは，課長が同世代ということもあり，課長の方針について意見をしたこともあったが，そのことが気に入らなかったようで，課長からの風当たりが厳しくなった。1年前頃から，会社の状況が芳しくなくなり，営業ノルマも厳しくなってきており，課員それぞれ厳しい労働環境にあったが，とりわけ，クライエントは課長からの厳しい叱責や追加のノルマを与えられるなど，より厳しい状況になっていった。クライエントは，課長へのライバル意識もあり，「負けるものか」という思いで休日出勤やサービス残業などを繰り返す毎日になっていったが，半年前頃から夜眠れない日が続くようになり，朝起きれない，起きても体がだるく出勤の準備がなかなかできない，食欲が低下するなどの状態が続くようになった。出勤してもボーっとして，仕事上の判断がつかずに，失敗することが増えた。課長の叱責に曝される機会も増加し，いたたまれずに休んでしまう日が出てくるようになった。妻の助言もあり，精神科受診となり，3か月の休職となった。

【受診時の状態像】 薬物療法によって睡眠状態や食欲，朝の体調の悪さは少し落ち着いてきたが，日中家にいると，仕事ができなくなってしまった自分を情けなく思う気持ちが強くなり，「家族に迷惑かけている」「復職できるのか」「将来はどうなるのだろう」などの漠然とした不安や絶望感が頭の中をぐるぐるまわってしまう状態であった。

【セラピーの方向性】 処方された薬はきちんと服用していたが，薬だけで治すのではなく，もっと強い自分になるためにカウンセリング（認知行動療法のことを新聞で読んで）を受けたいという本人の希望もあり，認知行動療法が導入された。認知行動療法の説明の理解や取り組みは比較的前向きであり，復職するためにがんばりたいという気持ちを述べていた。方針としては，標準的なうつ病の認知行動療法の手順に従って，生活リズムの立て直しに取り組みながら思考と気分セルフモニタリングを行ない，後ろ向きな自分の特徴について把握するところから始めていくこととした。

コラム6　セラピーがうまく進展しないのは誰のせい？

「抵抗」「疾病利得」「陰性転移」……。臨床心理学には，セラピーがうまく進展していかない状態を説明するための「便利な（？）」専門用語がたくさんあります。クライエントさんの様子を見ていて，確かにこのような言葉がしっくりくる状態像と対面することはたびたびありますが，その言葉を理解の枠組みに組み込むことは，セラピーの立て直しにプラスの効果をもたらさないような気がしています。なぜなら，これらの構成概念はクライエントの全般的な「停滞傾向」を表現しているにすぎません。しかし一方で，なんとなく「セラピーが停滞するのも仕方がない」という「いいわけ」を正当化してしまうところがあります。そもそもセラピーが停滞する背景には，面接場面や日常生活においてクライエントが経験している「刺激反応の連鎖」について，セラピストの理解に見誤りや不理解があり，的外れな対応をしていることが最大の原因なのです。

一方，臨床経験の浅いセラピストは，自分の能力や経験不足をセラピー停滞の理由として考えることもあるかもしれません。これは一見，「謙虚な姿勢でよろしい」とほめられそうですが，自罰的な原因帰属は，結局のところセラピストの不安や緊張，混乱などを誘発し，自発的な臨床行動を抑制してセラピーのクオリティーを低下させることになります。したがって，この場合も同様に，セラピーが停滞しているのは「刺激と反応の連鎖の見誤りや不理解があるからだ」と冷静に受け止め，少し立ち止まって丁寧な情報収集を再度行うようにするというのが重要です。

▶停滞している状況を共有し，妨害要因をアセスメントするコツ

　朝起きる時間を決めて着替えや朝食をとること，午後は散歩や買い物など，軽運動を含んだ外出をすることという生活課題は比較的しっかりと取り組めていました。しかし，セルフモニタリングシートの記入がほとんどできない状態でした。
　面接の中で，シートの書き方のレクチャーや書き忘れを防ぐための環境調整（シートをリビングテーブルに出しておく，妻に声をかけてもらう，etc.）などを行ないましたが，なかなか改善されない状態が2週間続いていました（面接2回分）。クライエントは書けなかった事実を詫びて次からはがんばる旨を言っていましたが，このまま記入を促すだけでは改善が望めないような停滞感を感じていました。以下は，セラピーの立て直しを試みた面接のやりとりです。

Cl：すいません。今回もなかなか書けなくて……。

Th：前回，記入を忘れずにできるように いくつか工夫を話し合いましたが，それはどうでしたか？ ポイント1へ

Cl：やってみました。シートもリビングのサイドボードのところに置くようにしました。「あー，書かなきゃなー」という思いはあるのですが，ペンをとって書くのが億劫でなんとなく後回しになってしまうんです。 ポイント1へ

Th：セルフモニタリングは，認知行動療法を進めていく上でとても大切な取り組みですので，まずは少しずつでも記入していきましょうね。認知行動療法を効果的に進めるにはご自身で取り組んでいくことが大切です。

Cl：はい。すいませでした。今週はがんばりますので。やる気がないわけではないんです……。

Th：……（これでは先週の面接と同じ展開で，あまり改善が見込めないと思い，別の展開を考える ポイント2へ ）。そんなに謝らないでください。「やる気がない」とか「怠けている」とはまったく思っていませんよ。むしろ，Aさんの取り組もうとする気持ちを邪魔している「心のざわつき」はなんだろうということが気になっています。 ポイント2へ 　Aさんは復職に向けて認知行動療法に取り組みたいと思って，面接に来られている。そして，セルフモニタリングに取り組むための準備や工夫を話し合いながら具体的に進めてきた。生活の中でも「記入」を意識しながら過ごせている。でも，記入のきっかけがつかめない。それにはきっと何か躊躇させる背景があると思うんです。 ポイント2へ 　どうでしょう？

▶ポイント解説

　セルフモニタリングは，認知行動療法を進めていく上で欠かすことができない重要なプロセスです。したがって，クライエントが，セルフモニタリングをうまく遂行していくことができるように丁寧な指導を行なうことが重要です。セルフモニタリングにうまく取り組めない理由としては，①セルフモニタリングのねらいや書き方の指導が不十分である，②コラム数が多く負荷が高い，③記入行動の形成・維持を促す環境調整とポジティブフィードバックが不十分である，などが一般的ですので，まずはそれらの点について再確認し適切な対応を行なうのが原則です。しかし，それらの対応を行なってもなお取り組めない状況が続くようであれば，妨害要因についての丁寧なアセスメントが必要となるでしょう。漫然と上記の原則的な対応を繰り返したり，クライエントのやる気の問題に帰属させて指導的な促しを繰り返すことは，クライエントに反復的な失敗経験をさせてしまうだけでなく，見定めるべき重要な臨床的問題を見落としてしまうことになりかねません。

ポイント1 これまでの原則的な対応の遂行状況とその結果を確認した上で，どの背景で記入が滞っているのかを見定めていきます。

ポイント2 原則的な対応を継続するか（見込みがあるか），新たな展開を模索するかを判断して，新たな展開の必要性を感じたときには，セラピストの疑問を率直に投げかけ，その後の丁寧なアセスメントに協力してもらえるような道筋をつくります。その際，クライエントの取り組みの悪さを批判・指摘するようなニュアンスにならないように，「問題をともに探していこう」というメッセージをはっきりと伝えることが重要です。

Cl：背景といわれても……億劫な感じは確かにありますが，でもそれは私の怠けかもしれません。

Th：少し丁寧にみていきましょう。家でふと職場の嫌なことが浮かんでいるときのことを思い出してください。何か最近のエピソードを聞かせてもらえますか？ ポイント3へ

Cl：昨日，昼食を食べた後，昼のドラマをボーッと見ているとき，その主人公の仕事が営業で，それを見ていてなんとなく会社のこと思い出したんです。仕事が手につかなくなって，取引先に行くのが怖くなって，また上司に怒られるのかと思ってふさぎ込んでたときのこと考えてました。自分はどうしちゃったのか……と悶々としていました。

Th：そのとき，セルフモニタリングの記録のことは意識できたんでしょうか？ ポイント3へ

Cl：そのときは，どっぷりつかっているので，意識はできていなかったと思います。ただ，その後気持ちが少し落ち着いてきたときに，「あ，さっきのことは書いておかなきゃ」と思ったことは覚えています。

Th：「書かなきゃ」と思った後，どうしたんでしょう。 ポイント3へ

Cl：なかなかペンをとるのが億劫で，「後にしよう」と思ってしまったという感じです。

Th：「億劫」の中身をもう少し聞かせてください。何が嫌だったんでしょうか？ ポイント4へ

Cl：んー………難しいですね。

Th：紙を出して，ペンを持って，記入するのが嫌だったんですか？ ポイント4へ

Cl：というよりも，いったん気持ちが落ち着いたのに，またその暗い気分に引き戻されることでしょうか……。

Th：情けない自分と向き合うのを避けたいような？

Cl：たぶんそれもあるんだと思うんですけど，それよりも，具合の悪い自分を認めたくないような……。

Th：というと？ ポイント5へ

Cl：たしかに，朝起きれなくなり，仕事ができなくなり，情けない状態になってしまったのは事実なんですけど，こんな状態にしたのは誰のせいなんだ！という怒りというか，納得できない気持ちがあるのかもしれません。

Th：なるほど，上司のせいでこんなにつらい思いさせられているという気持ちなんですね。「納得できない気持ち」の中身をもう少し聞かせてもらえますか？ ポイント5へ

| ポイント3 | セラピストとクライエントの双方にできてしまっている「先入観」に邪魔されないよう，具体的なエピソードを取り上げて，その状況における思考，行動，感情，環境（物理的刺激や他者行動）の詳細な情報を時系列で収集していきます。

| ポイント4 | 妨害要因を探索していく際，クライエントが日常的に用いる慣例的な言語（このケースでいえば「億劫」）については，その詳細について必ず掘り下げて聞くようにします。掘り下げなければ，結局それまでの面接で得た表面的な情報以上の情報を手にすることは難しいでしょう。また，慣例的な言語の詳細を内省させることが，妨害要因の本質を整理することに役に立つことが少なくありません。

| ポイント5 | 妨害要因のホットスポットが見えてきたら，その内容の詳細が把握できるような丁寧なヒアリングを行なうとともに，その要因が，気分，行動，思考にどのような影響を及ぼしているかを整理していきましょう。妨害要因の内容にもよりますが多くの場合，セルフモニタリングにかかわる問題としてだけでなく，セラピー全体を停滞させうる中核的な問題であることが少なくありません。

Cl：仕事のストレスに押しつぶされてしまったのは，自分が弱いからだと思ってカウンセリング受けたいと思ったのは事実です。でも，だんだんわからなくなってきたんです。（声を荒立てて）なんで自分が変わらなければいけないのか，自分を追いつめたのは課長なのに！

Th：なるほど。Aさんにとってセルフモニタリングを通して後ろ向きな自分を記録することは，もしかしたら，課長への納得できない気持ちを否定してしまうようなことになってしまいそうな感じがしていたのかもしれませんね。

Cl：こういうこと話すのも，人のせいにしているようで，本当は嫌なんです。だから，もしかしたら，自分の気持ちに全部蓋したくて，セルフモニタリングも避けていたのかもしれません。

Th：そうかもしれませんね。でもこうしてAさんがご自身の気持ちをしっかり話してくださったこと，大事にしたいです。ありがとうございました。1つ大切なことをお話ししたいのですがいいですか？ ポイント6へ 認知行動療法では，たしかに，新しい考えや取り組みを探し，実践していくことを通して，今までの悪循環から抜け出していくための方策を学んでいきます。しかしそれは，クライエントさんが「弱いから」や「間違っているから」やるのではありません。クライエントさんが「つらい」からやるのです。だから，認知行動療法に取り組むことは「負け」や「弱さ」を認めることではありません。「自分をつらくさせる悪循環」から抜け出すためにやるのです。今日のお話を聞くに，おそらくAさんは「早く元気になりたい」という気持ちと裏腹に「課長に責任があるはずだ」という葛藤があり，素直に前に進めなかったというまさに「悪循環」で苦しんでいたといえるでしょう。その悪循環からどう抜け出していくかをテーマとして，認知行動療法をうまく活用していきましょう。 ポイント6へ

Cl：もしかしたら，仕事でどんどんつらくなっていく最中も，同じことで苦しんでいたのかもしれません。「こんなに大変になったのは課長のせいだ」と恨みつらみばかりが募る反面，「負けないぞ！」という気持ちも強くなって，どんどん自分を追い込んでいってしまった。結局，疲れ果てて……。馬鹿みたいですね。

ポイント6	妨害要因の共有ができたらば，その要因がクライエントの全体的な問題とどのようにかかわっているのかを整理し，その要因をセラピーの中でどのように扱っていくのかを確認して，今後の取り組み方について具体的に話し合うようにしましょう。

➡ このケースのその後の展開

　セルフモニタリングの妨害要因の探索をきっかけとして，その後のセルフモニタリングでは，自分の中にある「情けなさ」と「課長への怒り」の葛藤がたびたび記録の中に表出されるようになった。面接ではそのテーマを取り上げていったところ，「課長に勝って楽になる」と考えることが，自分を追いつめていたと思えるようになっていき，「自分は自分」「課長と距離を置いて楽になる」などの考えがしっくりくるようになっていった。一方で，生活リズムの立て直しも順調に進み，休職後3か月後からリハビリ出勤を始め，半年後には定時出勤を果たし，現在は経過観察中だが，おおむね順調な経過をたどっている。

●●●●●●●●●●●●●● 共著者からみた「ここがいいね！」

　「『人生という戦場』で戦ってきて，どうも少し劣勢になってきて，鎧があちこち傷んできた。そこで，新しい新型の鎧でパワーアップし，すぐにでも戦場に戻り，多少の槍や刀で攻撃を受けても平気な自分に戻りたい」ということでCBTをネットやメディアで勉強して「評判の新商品」をお求めに来られるクライエントが増えてきています。中学生くらいの，少し疲れのみえるお子さんを連れてこられる保護者の中にも，「この子にも，ニンチコードーリョウホウ剤を注射してやってください！」と言わんばかりに期待の高い人もおられます。サービス商品としてのCBTへの期待は高いものの，自分のパターンを少しでも変えてみることには抵抗を示すタイプです。
　さてセラピストは，こういう，クライエントの人生への基本姿勢みたいなものと，がっぷり四つに組まない，綱引きをしないというのが，多くの場合正しいと思います。「シートへの書き込みをHWとしてやってくる」ということにこだわることと，こだわらないことのコストパフォーマンスを検討して，柔軟に対応する過程がポイント2に説明されています。
　そしてポイント3では，ドラえもんの「どこでもドア」よろしく，職場の嫌なことが浮かんだ最近のエピソードに話がとんでいます。ポイント4，5，6への流れがドラマチックですね。鈴木さんの「どこでもドア」がしっかり効いています。このお侍さんのようなクライエントは，戦ってできた傷，刀の欠けや鎧のほころびに目を向けるのを嫌がるような，強がりタイプなのでしょうか。

「自らの強がりに洞察がすすむように」が20世紀型の心理療法であったとすると，21世紀の心理療法は，「強がりな人が強がりなままでも自らのケアに向かえるようになるために」を工夫する方向に進化していると思います。「大胆なショットで知られた一流のテニスプレーヤーも，試合の後はラケットの点検と手入れ，乳酸がたまった筋肉のケアに余念がない」といったエピソードなどをお話しすることで，HW に取り組んでもらえるようになったケースもあります。

　職場のストレスの影響が大きいクライエントの場合，たいてい，特定の嫌な奴，に話が収斂していきます。しかし，最初から「蛇蝎のごとく」嫌いになってしまった誰かをストレートに聞き出そうとしてもなかなか出てこない。鈴木さんが示されたような手続き，プロセスが多かれ少なかれ，必要になるようです。CBT というのは，「うまく聞き出すコツ」に支えられている技術だと，つくづく実感させられます。

テクニック3の3

家族間のトラブルへの介入のコツ
――解決改善の戦略が進まない家族への支援のコツ

> **基本のおさらい**

　疾患として重症，重篤というわけでなくとも，扱いが困難なケースというのがあるものです。認知行動療法として進める中で生じるトラブルには，認知行動療法以外の理論や技法で乗り越えればよいのでは，という考え方もあるでしょう。ここでは，そのようなケースでも，認知行動療法らしい理解と手立てで乗り越えることができることを示す介入例を紹介したいと思います。

　セラピストとして困難に直面したときこそ，"認知行動療法らしさ"を再確認いただけるとよいでしょう。以下では2つの点から，その「らしさ」を解説します。

①できるだけ"ダイレクト"なデータ収集を心がけること

　"問題が起こっている現場"でのダイレクトな情報収集によって，改善のチャンスを高めることができます。

　情報とはしばしば，誰かによって加工された結果です。面接室の中では大半，そのような加工されたネタに基づいて進めていかざるをえません。ただし，面接室の中での反応，表情，言葉，姿勢，動きなどは，ダイレクトなデータ収集が可能です。問題や症状が生じているときの様子をありありと想起いただく中で得られる情報も，よりダイレクトなものとみなせるでしょう。学校や施設など，クライエントの活動，生活の現場で行動観察，周囲とのやりとりを直接に観察できれば，さらに豊かな情報になります（もちろん，そのような場合には，観察者がいる，というバイアスを考慮する必要がありますが）。

　家族やカップル，親子の間でのトラブルが主訴となっている場合，面接室に，家族，カップルや親子にそろってきてもらうことができれば，よりダイレクトな情報収集が可能となります。

②行動処方の提案を「〜をしない」から「〜してみる」へ変えてみること

　多くの心理的問題，症状は，個人の問題ではなく，個人とその環境，周囲との相互作用の問題であり，精神症状でさえ相互作用としてとらえる視点が大切です。問題の中心とみなされるクライエント本人だけでなく，その周囲クライエント，たとえば，保護者，カップル，学校の教職員，同僚，施設のスタッフなどへの支援でも，「〜しないようにしてみましょう」と提案されることがよくあります。「刺激しないように」，「叱らないように」，「プレッシャーをかけないように」などが多いでしょうか。これらの制止はしかし，なかなか守られないものです。単に反発とか抵抗というだけでなく，人間というのはもともと「○○だけはしないように」と言われると，その「○○」への意識や緊張が高まり，つい「○○」を口にしてしまう，という生き物なのかもしれません。最もわかりやすい例は，いたずら盛りの幼児に，「○○だけはいじらないでね，とても大切なものだからね」と言い聞かせてみた場合です。子どもはきっと，それを手に触れ，口にくわえたりもすることでしょう。

　「Aをしたくなったときには，必ず，Bをすませてからにしてください」という提案は，しばしば，Aのふるまいの頻度を低下させます。「習慣化していない」（生起頻度の低い）ふるまいであるBを，頻度を減らしたい習慣であるAとセットにすることで，Aの頻度は減少します。あるいは，Bがセットとなることで，Aが生起したことによるやっかいさを小さくできれば，それだけでもメリットがあります。

　つまり，「Aが生起しにくくなる」あるいは「Aが生起した場合のマイナス面を減じる」のいずれか，あるいは両方をそれぞれ，手にすることができるのです。

　もともと，「〜しない」そのものは行動ではないので，これを形成強化することはできません。「〜しない」のモデルを示すこともできません。行動形成もその頻度を高めることもできないのです。

　校則に窮屈を感じている中学生や高校生と，できるだけ良好な関係を築くためには，生徒が「やってはいけないこと」に「目を光らせ続ける」教師でいるよりは，生徒が行なった「良いこと・比較的ましなこと」に「相好を崩す」教師でいることのほうが，有利であるのも同じです。

コラム7　「CBTらしさ」とは？

　本文中で指摘した「CBTらしさ」（①ダイレクトな情報収集，②「〜してみる」の提案）のほかにも，重要と思われるCBTらしさがあります。

　例えば，「『質的』な変数をあえて『量的』にとらえてみる」ことがそうです。「数値による評定をよく用いる」という特徴とも関連します。実はこの特徴はよく，他の心理療法のアプローチに立つセラピストから，「CBT

による支援がどこか機械的に感じてしまう根拠」として批判的に語られることです。質的であるとすればアナログで人間味にあふれ，量的であるとすればデジタルで機械的かつ冷たい，ということになるのでしょうか。

人の個性や体験されたこと，あるいは人間関係のあり方などを「質的に」とらえるということは，しばしばこれらの特徴を言葉で表現することであり，結局は「全か無か」という極端な判断や誤解をもたらしがちです。そういう意味では，質的であることのほうがむしろデジタルであり，量的なとらえ方がよりアナログではないでしょうか。

例えば，「高校生の怠学傾向」について。実際には月に2，3日の，朝起きられずの欠席が数か月にわたって認められるレベルから，ある時期から数か月以上連続して休んでいる場合もあるでしょう。さらに「引きこもりの状態にある」という場合でも，玄関で靴を履いて外にでることが何週間もないレベルから，週に1，2回は，コンビニやレンタルビデオ店などに出かけることがあるレベル，毎日最低でも1回はあるところにでかけているレベル，などさまざまあるわけです。引きこもり状態の重篤さは，質的ばかりでなく量的にとらえられると，情報伝達がより正確になります。

「（夫婦に）会話がない」とか，「毎日のように飲んで帰ってくる」，「自宅でまったく勉強しない，教科書も開かない」という発言について，具体的に頻度や持続時間についての数値として評価できると，「状態」についてより正確な理解が可能となります。

クライエントの自分自身への評定においても同じです。自分がどれだけの成果を残すことができたのか，どれだけの人から頼りにされているか，という評価から，最近どれだけ睡眠時間をとれているか，という比較的細かな特徴について，CBTの面接を多く経験し改善しつつあるクライエントほど，評価は具体的となります。「自分はダメだ」とか「まったく眠れていない」といった，「全か無か」的な評価の傾向は弱まっていくことでしょう。

人の個性も，それを質的なものとしてとらえてしまうと，変化は期待できないように見えてしまいます。あるクライエントは，「自分自身が，親から褒められることなく育ちましたので，人を褒めることができないのです」という「質的な」個性のとらえ方をしていました。しばらく面接を継続する中で，「親から褒められることが少なかったためか，人を褒めることに苦手意識があって，職場でも褒め言葉を口にすることがどうしても少なくなってしまいがちでした」と「量的に」とらえられるようになったことが，改善の兆しでした。

ホームワーク課題でも，「職場で午前中2回，午後3回，意識して部下を褒め，その結果を記録してみては」といった，量的な目標を立てて実行してもらう目標のほうが，単に「もっと褒めてあげるように」，「気安く褒められるようになる必要がありますね」という提案より，ずっと抵抗なくチャレンジできるはずです。

▶ケースの概要：毎回面接の中で"言い争い"を繰り広げる夫婦

【症例】 相談の申し込み（電話）は，T子さん，専業主婦51歳。主訴は「夫の金遣いの荒さと暴力」とのこと。申し込み時の電話で提案したこともあり，初回当日から，2人で来談。夫のS郎さん（56歳）は，自営（従業員は他に1名の小企業）。結婚して26年，就職し2年前に結婚し別居した長男（23歳）と同居の高校生の長女（18歳）がいる。T子さんは，幼い頃に両親が離婚し父親と父方祖父母に育てられ，実母との間にはトラウマ・エピソードが多く，そのために心理的に不安定であることを初回の冒頭で自分から口にする。T子さんには離婚歴があり，S郎さんとは再婚。前夫からも，ひどいDVを受けていた。8年前から心療内科に通院中，うつ病との診断，投薬治療を受けつつ，軽快と悪化を繰り返している。S郎さんは，アルコール嗜癖の傾向があり，肝臓の疾患で10年ほど前から治療を受けている。この2年ほどでようやく，連日のように遅くまで飲んで帰ってくることが月に1，2回程度に減ってきたが，ほかにも腕時計など身につけるもので浪費癖の傾向があるとのこと。長男夫婦が育児その他でT子へあれこれ依存してくること，長女の高校の怠学傾向と男女交際にも，気苦労が多いという。S郎さんの暴力は，T子さんの頭や頬を叩く，ソファに向かって突き倒す，ティッシュの箱や雑誌などをT子さんに向かって投げる，とうもの。今までのところ，通院が必要になるほどの怪我はない。S郎さんからすれば，T子さんにも，S郎さんと同程度の「乱暴」はあると言い，そのこと自体T子さんも否定はしない。初回から，5，6回ほどかけて情報を整理しつつ，セラピーのねらいを，暴力やアルコール，浪費行動の傾向そのものではなく，「夫婦間のトラブルを減らし，協力して2人の子どもの支援にあたることができる生活の確立に置く」ことで合意が得られた。

【家　族】 上述のとおり。

【問題歴と現在の状態像】 些細なことから，毎日のように夫婦で口論となっている。きっかけとして多いのは，①長男夫婦が何かと実家を当てにしてくること，と，②長女の交際と高校への怠学傾向，③父親が上記①や②についてしっかりかかわろうとしないこと，④回数は減ったが外で飲んで帰ってくることが月に1～2度あり，たいてい「比較的安価な，若い女性が接客する店」へ寄ってくること，高級腕時計のカタログを時々見ていること，などであった。この他，T子さん側には，⑤S郎さんの「若い女性への関心の高さ」，S郎さん側には，⑥T子さんのいわゆる「怒り出すと止まらない」ところ，へのそれぞれ不満がある。この⑤と⑥について話題に上がったとたん，激しい言い合いになってしまい，収集がつかない。

▶パターンに"呼び名"をつけて対象化するコツ

> 変容されるべきパターンを，なるべくありのままにとらえ，呼びやすくなるように命名し，なるべくかかわっているすべてのクライエント，そしてもちろんセラピストに共通のターゲットとします。ただし，その命名されたものに対する意見，見方は，一致していなくてもよい，と考えてください。「考え方を合わせる」までを求めようとすると，徐々に解消に向かうはずのケースも進みにくくなります。

　初回面接から10回ほどの面接が経過していました。主訴の確認，さまざまな情報の収集，夫婦同伴セラピーの目標の確認まで進んだところで，夫婦ともにカウンセリング状況に慣れてきたのか，面接の中で毎回，夫婦の激しい言い合いに時間がとられるようになってきました。「互いの鬱憤の解消の場」を提供しているとみなし，介入しないでおくことも考えられるのですが，ほぼ毎回となると，セラピーの目標への到達にとっては時間の浪費でした。

　面接の開始はほとんどの場合，2人ともにこやかな表情で，「おかげで，カウンセリングの後はしばらくいい雰囲気で過ごせています」などの報告から始まります。ところが10分も経過すると，毎回決まって，夫婦間の「バトル」が展開されました。きっかけはすべて，T子さんがS郎さんについて「お金の使い方の荒さや若い女性に目がいくところは人間変わらないものですね」などの言葉でした。それは間違いなく，「収入に見合わない消費」の癖を改善しようと努力しているS郎さんの気持ちを逆撫でしました。側にいるセラピストからすれば，そのような皮肉のこもった発言は，T子さんのS郎さんに対する愛情や独占欲から生じるように見えましたが，S郎さんにとっては，我慢のならない言葉でした。

　S郎さんは，「いつもこうだ。こうしてがんばってきているのに，いつまでもそういう言い方しかできないお前のほうが異常だ。普通の週刊誌に掲載してある女性の写真に目がとまるくらいで怒り出すのはそれこそ病気だ」と怒り出します。それに刺激されたT子さんが返す言葉は，さらにエスカレートしたものでした。面接室の中なので，さすがにつかみ合い，ティッシュ箱等の投げ合いに展開することはなかったものの，このようなやりとりが，毎回の面接の中で，10〜15分くらい続きました。

　セラピストはひとしきり応酬が続いたところで，「おや，残り20分少々となりましたが，今日の残りの時間をどう使いましょうか」と「休戦調停」を申し入れました。「面接の残り時間」の確認は，面接の中に限って「沈静化」には有効でしたが，積極的な「予防策」にはつながりませんでした。

　以下は，このようにやや暗礁に乗りかかった，11回目の面接でのやりとりです。

Cl（T子）：（にこやかに）実は今日もここに来るまで，2人で息子の嫁の話をしていたのです。

Th：おや。それは，今日の話題の中でも重要なことになりますかね。

Cl（T子）：この話題を中心に，でお願いします。ねえ，あなた。

Cl（S郎）：いいんじゃないか。

Cl（T子）：じゃあお願いします。と言っても，結局この人（S郎さん）の，相も変わらない，だらしないところの話になります。とにかく，もう少し，父親らしく，長男にも言ってほしい，ということなんです。（急に声のトーンが変わって）口を酸っぱくして言っているのですが。ところが，長男の嫁に，妙にやさしいものだから，結局，長男にもはっきり言えないんです。きっと，嫁に嫌われたくないのでしょう。長男が中学や高校のときには，あれだけ口うるさかったくせに。

Cl（S郎）：関係ないことは言わなくていいから。R太（長男）がなかなか自立しない，ということを聞いてもらえばいいのに。どうして，R太の嫁の話から始める必要があるんだ。

Cl（T子）：（一気に大きな声で）ほら，そうやってすぐ，ごまかそうとする。この人は，すぐ，私が「全否定」するって言うんです。相手の話を聞かないって。

Th：「全否定」ですか。なるほど。（おもむろに立ち上がって，ホワイトボードに書き込む）。何やら，これがポイントになりそうですね。 ポイント1へ　でも奥様としては，「全否定」など，まったく，これっぽっちも身に覚えがない，ということでしょうか。 ポイント2へ

Cl（T子）：まあ，本人の言い訳をいちいち聞いていたら，どうしようもないですから。

Th：「全否定」になってしまうこともたまにはある，ということですね。

Cl（T子）：まあ，少しは。

Th：じゃあ，「部分否定」ですね。

Cl（T子）：それでも一応，聞いていたこともあるのですが，この人（S郎）の場合，話がどんどん，自分を守る方向へいきますから，どこかでそれを「違う」と言わなければなりません。

▶ポイント解説

　本人に加え母親が同席すれば母親の中に，母親（妻）だけでなく父親（夫）が同席すれば父親（夫）の中に，祖父母が同席すれば祖父母の中に，はたまた，学校や施設の担当の人がお見えになればその人に，担当者の上司が出席すればその上司に，というような「悪者探し」の「溯り」にならないように，心がけたいものです。また，「○○というシステムの問題である」という理解も，それだけではなんの説明にもなっていません。より上の階層で，より大きな変数で，あるいは今さら変えられない過去のせいにしたくなったら，次のように自問自答してみてください。「もしその仮想『悪者』に望ましい変化が生じたら，『本人』にはどんな改善が（具体的に）生じてくるか」です。そして，そのような「具体的な変化」が起こりやすくなるきっかけとして，現実的，常識的な「しかけ」を用意するのです。

ポイント1　トラブルのパターンをとらえた用語を，強調して表現してみます。ここにあるように，ホワイトボードに書き出す，あるいは，クライエントといっしょに眺めることができるよう，A4かB4サイズの用紙に書いて示す，という手続きは，有効です。間がとりやすくなる，という効果もあります。

ポイント2　「少しくらいありませんか」という確認だと，かえって「いっさいありません」という反応を引き起こしやすいものです。「まったくそのようなことは無い，ということでよろしいですね」という念の押し方で，かえって，「まったく無いわけではないが」といった答えが返ってくることが多いようです。

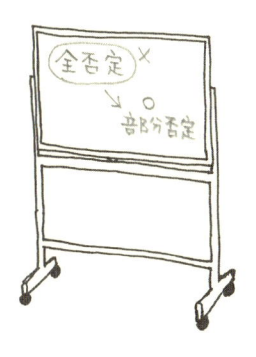

Th：なるほど，「全否定」というより「やむにやまれぬ部分否定」のつもりなのですね。奥様としては。 ポイント3へ （またホワイトボードに書き込む）。でもご主人には，「単なる全否定」に見える，聞こえる，ですね。

Cl（S郎）：先生ももう何度もご存じのとおり，言い方がきついですから。私に対してだけでなく，娘とも，同じ「全否定」でぶつかっています。「全否定」するっていう言い方も，実は娘が言い出したことです。私もそのとおりだと思います。

Th：おお，お嬢さんもなかなかやりますね。つまり，お嬢さん，ご主人には，「単なる全否定」に聞こえるが，奥さんにとっては「やむにやまれぬ部分否定」ですね。ただし，お嬢さんとご主人にとってみれば，かなりつらい。 ポイント4へ

Cl（T子）：この人も，R太も娘も，さんざん私に迷惑をかけてきた上に今も「こうしてくれ，ああしてくれ」って好き勝手言ってくる。それじゃあこっちがたまらないから，「そんなことできない」って言うと，こうして「全否定」なんて言われる。

Th：割に合わない，ですかね。

Cl（T子）：私ばかりが，いつまでも，心療内科に通うはめになりますね。

Th：家族が言うことをすべて押さえ込むつもりはないけど，時には「やむにやまれぬ部分否定」を口にしないと，やってられないですね。 ポイント5へ

Cl（T子）：まあ，言えばいいわけではありませんが。言っても，よくなるわけではないけど。でも，言わずにおられませんね。

Th：ということは，「全否定でなく部分不定だよ」ということをしっかりアピールする必要がありますね。たとえば，「いつもじゃないけど，こういうことが多いから言わせてもらうけど」を必ずつけてから，文句を言う，ではどうでしょう。その練習をしましょう。 ポイント6へ 例えば，「いつもじゃないけど，こういうことが多いから言うけど，R太に父親としてがつんと言ってください」って。ちょっと言ってもらっていいですか。

Cl（T子）：「いつもじゃないけど，こういうこと多いから言うけど，S太に父親としてがつんと言ってくださいよ」。

Th：ああ，いいですね。ご主人はいかがですか，聞いていて。

Cl（S郎）：まあ，それが本当に続けば，ずいぶんましですね。

| ポイント3 | 言葉とか，認知などは，絶対ではなく，真実でもなく，相対的なものです。「全否定」という表現も相対的なものであるとして，T子さんの「つもり」を「やむにやまれぬ部分否定」と表現しています。
| ポイント4 | 「○○にとって」という表現を意図的に繰り返し，強調しています。意味は，それぞれの立場，見方においてさまざまである，という相対性を共有しようとしています。
| ポイント5 | 誰かの悪意のせいで望ましくないふるまいが出現している，というとらえ方を避け，「図らずも，○○になってしまっている」点を強調します。
| ポイント6 | 具体的な言葉づかいを提案し，そのモデルを示し，ロールプレイで試してもらいます。本人が言いやすいように，わずかな修正を加えてもらいます。

ミニミニコラム：ホワイトボード

　筆者（神村）にとって，ホワイトボードが面接室の必需品になりつつあります。「単に要点を整理する」だけのこともありますが，いろいろなものを，視覚化，図式化することができます。事例のように，家族の間のやりとりを整理することも多いのですが，他には，ご自宅の居間のそれぞれの居場所，食卓テーブルの着席位置，などを確認するのにも便利です。職場のディスクの配置，学校の教室の位置関係，などを誤解なく聴くこともできます。なお，ホワイトボード，黒板が使えないときには，A4ないしB4サイズのコピー用紙を取り出して，90度ないし120度の角度で座り，図にエンピツ等で整理しながら，まとめていきます。

Th：じゃあ，奥様，もう1回，どうですか。
Cl（T子）：「いつもじゃないけど，こういうこと多いから言うけど，S太に父親としてがつんと言ってくださいよ」，うーん。
Th：ご主人や，お嬢さんに，S太さんにも，何か言いたいときは，「いつもじゃないけど，こういうこと多いから言うけど，」を，噛まないように，注意しながら。
Cl（T子）：わかりました。
Th：お嬢さんには，「いつもじゃないけど，こういうこと多いから言うけど，帰りが遅くなるときは早めに連絡してね」とか。
Cl（T子）：やってみます。

【次の回の面接で】

Th：いかがだったでしょう。「いつもじゃないけど，こういうこと多いから言うけど」，は。 ポイント7へ
Cl（T子）：まあ，こういうのを頭につけるって意識があると，なんか，気が抜けますね。言おうと思ったことも，面倒に感じ，言わなかったりしました。
Cl（S郎）：私に向かっては，あまり使わなかったみたいですね。いつものように，手がつけられなくなるような状態が少なくなって，助かっています。娘に対して，何回か，使っていたようです。娘も，あまりイライラせず「わかったから」とか，返事していました。両親が受けているカウンセリングのおかげだとは，さすがに気がついていないみたいですけど。
Th：じゃあ，お嬢さんのほうも，「全否定」には聞こえなくなってきたのでしょうかね。
Cl（T子）：そうなのかもしれません。とにかく，しばらく，このやり方でやってみます。

> **ポイント7** 成果をすかさず確認し，話題にします。

■■■▶ このケースのその後の展開

その後の面接でも，何度か，T子さんがやや感情的になるセッションもあったが，程度もその強さもおさまっていった。家庭の中でも，ご夫婦間，T子さん，息子さんや娘さんとの間の衝突も少なくなっていったという。特に長男夫婦との関係については，スキルトレーニングの成果もあり，「できることはできるが，できないことは無理」という方針を貫いて，適度な距離がとれるようになっていった。20回面接あたりでは，家庭の中のトラブルが減少したことが波及したのか，T子さん本人のうつも回復に向かった。その後は，2～3か月の間隔をあけた面接を1年ほど継続し，終結となっている。

●●●●●●●●●●●●●●●●共著者からみた「ここがいいね！」

「夫婦喧嘩は，○○も食わぬ」という言葉がありますが，それをあえて食う。どう食べるか。それは，意図的に仲裁したり，解決したりしようとするのではなく，夫婦間で生じている「お決まりの」相互作用を記述し，「売りことばと買いことば」の中に込められている，伝えたいけど伝わらない「素朴なメッセージ」を整理し，表面化させるという方法で扱うのです。このケースはそのような支援を行なっていく際のアイデアや工夫をたくさん提供してくれています。まず，「全否定」に代表される夫婦間の相互作用を特徴づけるキーワードをクローズアップして，当事者に「お決まりのパターン」への気づきを高める素地づくりをしていますね（ポイント1）。さらに，じょうずにその状況のヒアリングをしながら二分法的見方ではなく，「○○のつもり」，「やむにやまれぬ○○」，「部分的な○○」，「○○さんにとって」など，どちらの味方でもないが，どちらの気持ちにも一理あるというメッセージを送っています（テクニック2，3）。その上で，お二人が望んでいることは，勝ち負けではなく「素朴なメッセージ」をわかってほしいという「叫び」なのではないですか？　という本来の望みへの理解の橋渡しをつくっています（テクニック4，5）。さらに，「素朴なメッセージ」をうまく（言い合いではなく）伝えるための具体的方法を整理，提案しながら夫婦で新しい相互作用をつくっていくための体験的な道筋を提案しているという流れになっています。

神村さんも冒頭で述べていますが，「認知行動療法的に考える」ということは，その場で起きている事実に着目するということですので，ある意味，「フェアーな見方」をキープしながら（夫と妻のどちらから見てもそういうスタンスだとわかりやすい），上記のような支援をしていくということなのだと思います。

コラム8　ゴールをイメージすること：あとがきにかえて

　目の前のクライエントが，「お世話になりました。おかげで，自分でなんとかやっていけそうです」って，めでたく終結になる日の様子を想像することはありますか。その時，クライエントの主訴はどうなっているのでしょう。生活習慣は？　苦手な誰かとのつきあい方は？　悪化のきっかけとなっていた問題行動は？　生活のなかに危うさは残っていても，かつてのようにトラブルに陥らない工夫のあり方とその定着を，担当するセラピストとして詳細にイメージすることはできているでしょうか。

　あまり語られることがない，臨床心理学の専門家養成の問題のひとつは，心理学的支援の成果で「無事終結に至った事例」，「良くなった・治った事例」を数多く経験することがないまま，資格を取得でき，職に就けてしまう点にあります。客観的に評価していっこうに改善していない事例について，知的好奇心（？）を満たすための検討会を重ねることで専門家として成長できているなどと，錯覚してしまうことがないようにしたいものです。

　心の問題では，完全に，症状や困難の片鱗もなくなる終結というのは，まず，あり得ません。「これくらいでなんとかなりそうだ」と思えるような，クライエントにとっての「安堵」は，具体的にどのように現実のものとなるのか。セラピストがそれらのイメージ化を怠り，寄って立つ理論と技法のことばかりで頭でっかちになっていないか，無事に終結を迎えるまでに折に触れ，振り返ってみる必要があります。

　読者の中には，「クライエントの望む生き方こそが目標となるべきで，それをセラピストが想像する必要はない」とお考えの方もあるかもしれません。確かに，生き方の決定権，選択権は，クライエントにあります。しかし，多くのクライエントは，どう生活することで本来の自分になれるか，見当もつかない状態におられます。共同実証主義でいっしょに探す，を，都合よく解釈しすぎるのはどうかと思います。成功事例をたくさん経験しているベテランセラピストは，みなさん，クライエントの事情ごとに，ある程度の改善のありかたを想定して，支援のプランをたてておられます。

　美容師さんにたとえてみます。高い技術をお持ちの方であればあるほど，クライエントの個性を引き出す髪型，シルエットをイメージしながらハサミを入れられることでしょう。さまざまなリスク要因，脆弱さ，運の悪さをかかえたクライエントが，それでもそう遠くない将来，一定水準以上の生活の質を回復された時，目の前にどのような日常が展開されているのか，そのために，むこう数ヶ月から，せいぜい1，2年の間に，いかなる変化が構築されればよいのか，リアルにイメージし，かつ，どこかに拘泥することもなく柔軟に，効果的な支援を展開できたら最高です。

索　引

●あ
ICD-10　29
ACTION　82

●い
ERP（exposure & ritual prevention）　36, 65
言い訳　94
依存　91

●う
うつの反芻（depressive rumination）　90
うつ病　25

●え
エクスポージャーと儀式妨害　36, 65
エクスポージャー法　3
SUDS　65

●お
大うつ病性障害　28
オープンクエスチョン　121

●か
加害強迫　38
確立操作　11, 91
価値　85
活動記録表　81, 93
活動抑制　81
観察学習（モデリング）　58

●き
儀式行為　65
機能分析　12
教育相談　51
強化　58
強迫観念　35
強迫行為　35
強迫性障害　35, 65

●け
形成化（shaping）　58
ケースフォーミュレーション　7

嫌悪体験からの回避　81
現実エクスポージャー　52

●こ
行動活性化（行動活性化療法）　81
行動実験　89, 113
行動処方　136
行動分析学　58
行動レパートリー　123
コーチング・スキル　73
コーピングクエスチョン　61
個人化の推論　111

●し
視覚化　143
刺激性制御　11, 23, 91
刺激反応の連鎖　97
自己と他者のダブルスタンダード　111
自傷行為　11
自動思考　99
自発的行動　81
柔軟性　105
衝動制御困難　11
衝動制御パッケージ　11
心理教育　3, 19

●す
随伴性　81
推論の誤り　111
スクールカウンセリング　51
図式化　143
「すべし」評価　111

●せ
聖域　43
接近行動　52
全か無か推論　111
漸次接近法　51, 52, 58
選択的抽出推論　111

●そ
即時強化　99

147

●た
代替行動　14, 23
多様性　105
段階的エクスポージャー　52

●て
DSM-Ⅳ　29
手がかりエクスポージャー　101
適応指導教室　51

●と
読心術推論　111
TRAP　81
トリガー　3, 11, 92
トンネル視　111

●に
認知再構成（認知再構成法）　3, 90, 105

●の
ノーマライズ　41

●は
破局的推論　111
パニック障害　3
パニック発作　3
パラ自殺（para-suicidal）　11

●ひ
ひきこもり　51
病的ギャンブリング（PG：pathological gambling）　11, 91
広場恐怖　3

●ふ
不安階層表　5
不安拮抗反応　52
不安障害　25
物質（薬物）依存　91
不登校　51
負の強化　91
プロセス（行為）依存　91
分化強化　58

●ほ
妨害要因　129

●ま
マイナス思考　105

●よ
予期不安　3

●り
リストカット　11
リラクセーション法　3

●れ
例外探し　41
レッテル張り　111

●わ
Y-BOCS（Yale-Brown Obsessive-Compolsive Scale）　44

◆著者紹介

鈴木伸一（すずき・しんいち）
　　1969年　東京に生まれる
　　2000年　早稲田大学大学院人間科学博士後期課程修了
　　現　在　早稲田大学人間科学学術院　教授（博士　人間科学）
　〈主著・論文〉
　『行動活性化療法』（共監訳）日本評論社　2011年
　『医療心理学の新展開』（編著）北大路書房　2008年
　『実践家のための認知行動療法テクニックガイド』（編著）北大路書房　2005年
　『慢性うつ病の精神療法』（共監訳）医学書院　2005年
　『学校，職場，地域におけるストレスマネジメント実践マニュアル』（共編著）
　　北大路書房　2004年

神村栄一（かみむら・えいいち）
　　1963年　福島県に生まれる
　　1991年　筑波大学大学院博士課程満期退学
　　現　在　新潟大学人文社会・教育科学系（教育学部）教授（博士　心理学）
　〈主著・論文〉
　『ストレス対処の個人差に関する臨床心理学的研究』風間書房　1996年
　『改訂版カウンセリング概説』（共著）日本放送大学出版協会　2005年
　『心理療法がうまくいくための工夫』（共著）金剛出版　2009年
　『認知行動療法を学ぶ』（共著）金剛出版　2011年
　『DVDで学ぶ新しい認知行動療法うつ病の復職支援』（監修・解説）中島映像
　　教材出版　2011年

レベルアップしたい実践家のための
事例で学ぶ認知行動療法テクニックガイド

| 2013年6月30日 | 初版第1刷印刷 | 定価はカバーに表示 |
| 2013年7月10日 | 初版第1刷発行 | してあります |

著　者　　鈴　木　伸　一
　　　　　神　村　栄　一

発行所　　㈱北大路書房
　　　　　〒603-8303　京都市北区紫野十二坊町12-8
　　　　　電　話　（075）431-0361㈹
　　　　　ＦＡＸ　（075）431-9393
　　　　　振　替　01050-4-2083

©2013　　　　　　　　印刷・製本／創栄図書印刷㈱
　　　検印省略　落丁・乱丁本はお取り替えいたします
　　　ISBN978-4-7628-2807-2　Printed in Japan

・ JCOPY 〈㈳出版者著作権管理機構 委託出版物〉
本書の無断複写は著作権法上での例外を除き禁じられています。
複写される場合は，そのつど事前に，㈳出版者著作権管理機構
（電話 03-3513-6969,FAX 03-3513-6979,e-mail: info@jcopy.or.jp）
の許諾を得てください。